婚姻：挑战

[美] 鲁道夫·德雷克斯　著

陈璇　译

国际文化出版公司

·北京·

前言

本书自首次出版至今已经历了数十年[①],当时书中提到的一些问题趋势,如今在美国的当代社会里早已是司空见惯。夫妻之间的矛盾和冲突出现得更加频繁,也更具破坏性,不但影响夫妻和睦,还关乎婚姻的存亡。

然而,尽管在美国,很多家庭的确问题重重,但这些家庭也并没有因此就支离破碎。的确,许多婚姻都缺乏性满足感,而且夫妻双方通常也不能为孩子的成长提供恰当的鼓励和引导,导致他们在社交、情感和智力等方面往往不够成熟。人们常常把性和孩子看作婚姻的两个重要功能,当然也有很多人在质疑这样的想法是否正确,显然这种质疑是没有任何根据的。

在我们看来,这些家庭并不是要破碎,他们只是遇到了

---

①《婚姻·挑战》写于1946年之前,作者德雷克斯写下的此篇前言为本书1974年再版中的序言。

严重的困境。这一困境是民主革命的结果,民主革命过后,人们更加渴望得到平等的对待。然而,对传统观念的执着使我们暂时还没准备好迎接这一挑战。我们不知道如何本着相互尊重的态度解决利益上的矛盾和冲突,而互相尊重恰恰是民主家庭和睦相处的必要条件。事实上,在我们的社会文化中,我们根本无法实现平等相处,这点在我们最亲密的社会关系——婚姻关系中表现得最为直接,也最让人感到痛苦。

在过去的十年里(1964—1974年),我们的社会发生的一个最显而易见的重大变化,就是逐渐形成了一种新的女性地位,这对女性与男性,以及女性与儿童之间的关系产生了深远的影响。虽然也有例外,但总的来说,女性已不再试图通过模仿男性来建立与他们之间的平等关系。当这本书第一次出版时,人们注意到,很多女性总是喜欢模仿男性强壮的外形。那时候,外形上的健硕会让人觉得更有优越感,同时也更容易受到他人的挑衅。如今的情况已完全不同了。女性已经不再像过去那样对男性表现得毕恭毕敬了,尽管她们经常还是希望能遇到让自己崇拜的对象。通常,越来越多的男性都会表现出对女性的尊敬。很少有家庭还是父亲当家做主了,大多数家庭都是母亲更有话语权。

在美国,女性为了让自己变得"优秀",总是要辛苦很多。然而,人们需要对"优秀"的意义重新进行界定。"优秀"不再是传统意义上人们所期待的那样,要求女性保持纯朴、贞洁和道德高尚。在美国,女性不一定非要保持贞洁，但是即便是在美国性自由和性合法的情况下，她们也要保持言行得当。女性普遍认可的理想目标是言行得体、适当社交、品行端正。现今社会，女性已经成为道德和习俗的仲裁者、审查者和守护者，她们要把她们认为正确的行为准则推广至所有男性乃至整个社会。美国这个国家的性习俗将在很大程度上取决于女性，取决于女性发展和建立的态度和习俗。现在，她们要求要么男性也要保持忠诚和贞洁——而这在以前仅仅是对女性的要求；要么允许自己与以前的男性一样享有同样的性权利和性自由。

过去，在美国，男性垄断了所有的政治和社会权力，他们按照自己的喜好和利益建立社会秩序，而女性必须服从、遵守他们对女性贞洁做出的严苛要求。如今，美德既是她们的合法权利也是她们的特性。在最近的十年时间里，很少有男性因为妻子行为不端而去寻求婚姻咨询；而在过去，这几乎是司空见惯的，丈夫们经常会就这方面怨念不休。如今，反倒是妻子们经常会抱怨她们的丈夫行为不当，当然，这在社会上是普遍可以接受的。这些丈夫要么过于被动、冷淡、孤僻，要么过于咄咄逼人、专横霸道。我们很少看到丈夫告诉妻子怎么做才算得体，反而是妻子常常会教育丈夫如何做才妥当。女性太过追求完美与得体，以至于她们既没有给丈夫足够的机会去学习，也没有给孩子足够的机会去成长。越来越多的男孩带着错误的信念长大，他们认为要成为一个真正的男人，要么"够坏"，要么搞怪。在以前，男人必须可靠、明理、坚强、值得信赖，而女人就应该柔弱、温顺、感性，因此女性总是让人觉得情绪不稳定、难以捉摸。在某种程度上，对于什么是男人、什么是女人，我们甚至看到一种相反的趋势，即我们最常看到的并不是一个强大的男性的形象，而是早期文化中强大的女性形象。这并不意味着我们有成为母系社会的危险。因为，在民主革命的发展过程中，没有任何群体认为自己永远高人一等。这种混乱和动荡仅仅是民主变革的结果，也是我们探索一种新型社会关系的结果，这种关系最终将建立在人人平等的基础上。

过去十年（1964—1974年），第二个愈加明显的发展趋势是对儿童的解放。显然，成年人已经逐渐失去了他们对儿童的控制和权威，而儿童则获得了一定程度的自由和决定权。尽管孩子可以随心所欲地做他们想要做的任何事，但他们往往没有形成一定的责任心。没有责任的自由很可能会对社会构成相当大的威胁。许多父母因为不想变得专制，从而对孩子过分地宽容。这种现象非常普遍，过度放任的后果也相当地惨痛。因此，我们看到了一种趋势，即父母将再次对孩子严加管教，以此阻止青少年肆意妄为、避免孩子出现叛逆。然而，过度放任和严格管教都不能解决问题。父母需要寻求新的方法，这样他们才能够成为孩子的朋友，平等地对待孩子，相互尊重。

在民主的氛围中，如果没有一定的知识和技能来指导彼此如何相处，我们的家庭很可能会成为战场，充满着紧张、对立和敌意。丈夫和妻子会认为他们很难和睦相处。后面，一旦孩子也参与进来，他们的婚姻关系就会紧张到面临破裂的地步。此时，儿童不再是维系家庭的纽带，而是严重影响到他们婚姻关系的定时炸弹。

这本书试图通过引入一些新的方法来指导人们如何维护好彼此的婚姻关系，良好的婚姻关系更需要我们所倡导的民主氛围。本书旨在为读者提供一个指南，指引人们学会如何在一起平等地相处，同时也指导我们学会如何看透这重重复杂的社会关系。恰恰是这重重复杂的社会关系，见证了我们社会的新生，同时也见证了我们的社会如何从旧的形态过渡到新的未来。

R.D.

于芝加哥

引言

对于作者而言，写一本关于婚姻方面的书籍，让他感到责任重大。市面上对于两性关系与婚姻问题的书籍可谓是琳琅满目，但并不是所有的书籍都能让读者受益。很多时候，人们仅仅是通过阅读来对他们自身的问题进行思考，却很少能真正地采取有效的措施去解决问题。

然而，批判性阅读则不同，它往往会带来意想不到的效果。批判性阅读可以帮助人们对各种问题进行有规律的预测，从而寻找到问题的解决方案。而本书的创作初衷正是希望能够激发读者的这种阅读体验。

所有关于爱情、两性关系和婚姻关系的问题都可以看成社会、文化、政治、经济以及心理问题在个人身上的体现。我们只有对这些问题进行深入了解，才能够发现问题的根源，从而寻找到问题的解决办法。作者本身的背景使他更倾向于关注人们产生某一问题的心理机制。然而，心理学调查离不开社会和文化背景的调查，因为正是这些问题影响到了个人行为，从而导致了当前问题的发生。本书力图将社会学与心理学研究方法整合起来。

因此，在阅读过程中，读者通篇都会感受到阿尔弗雷德·阿德勒思想的重要影响。作者之所以选择阿德勒的个体心理学理论作为理解人性的基础，主要有以下几个原因。

首先，阿德勒对个体人格进行了诠释，他对个体独特生活方式的认知，是目前为止最好的心理学技巧之一。因为生活方式代表着每个人对生活最基本、最全面的态度，因此，对个人目标和态度的认识有助于人们理解他的所有行为、思想和情感。

其次，阿德勒个体心理学是一门积极、乐观的学科。与其他心理学家不同，阿德勒把生命看作一个不断发展的过程，而不仅仅是一个最终走向死亡和个人终结的无意义的活动。只有如此看待生命，人们才能够更好地理解人类的进化以及人类当前已经实现和未来即将实现的所有的进步与成就。

此外，阿德勒个体心理学可以帮助人们发现和观察到当今社会和政治科学的发展趋势。阿德勒心理学强调人际关系的重要性，他比我们所知道的其他任何心理学都更能帮助我们理解和解决社会问题——实际上，所有人类问题在本质上都是社会问题，因为没有任何问题只对一个人造成影响。两性和婚姻问题亦是如此，都需要双方共同努力才能解决。

希望所有读者在阅读过本书后，都能够对婚姻关系中的对方多一些理解、包容和鼓励，能够顺利地改善彼此的婚姻关系，并采取积极有益的方式来解决他们所面临的问题。

目录

第1章
什么是爱？

情绪的作用	002
爱是一种情绪	004
性的功能	005
性是一种工具	008
浪漫的作用	011
爱的功能	013
爱情是人生三大任务之一	015
爱的定义	016

第2章
两性之间的战争

为情所困是一个社会难题	018

女性的社会地位	020
男性科学家的困惑	021
占主导地位性别的四项权利	024
特殊的性权利	025
女性的羞怯——一种文化要求	027
"男性至上"的衰落	029
爱是一场战争	031
两性关系的乱局	032
女性解放斗争	034
性别魅力与骑士精神的谬论	038
女性解放的文化意义	040

第3章
性的概念

性特征的社会基础	043
异装癖的案例	045
对"优越"性别的模仿	048
两性的功能	049
性与社会秩序	052
性与宗教	053

孩子对异性的看法	054
孩子对性的恐惧	056
性启蒙	057
孩子早期对性的探索	059
爱的训练	062
青春期	063
性的三大功能	065

第4章
伴侣的选择

无意识的人际交往	068
带有私人欲望的交往	069
过去影响现在	070
个人品位	071
美的意义	073
制造距离	077
选择一个不恰当的伴侣	078
为错误的方向开"绿灯"	079
缺陷的魅力	082
生活方式的回馈	087

被吸引的真正原因	091
一见钟情	092
感觉是个人欲望的反映	095
理性是伴侣选择的合理依据吗？	096
"剩"男"剩"女	098
追求完美	099
欲望和初衷	100
反对婚姻	102
如何寻找合适的伴侣	102
纠正错误的选择	104

第5章
共同生活

社会生活的逻辑	106
合作的科学	107
关系是建立在互动基础上的	113
逻辑价值与心理学意义	114
强扭的瓜不甜	117
互不尊重的根源	118
亲密关系会妨碍两个人的友好相处	120

胁迫他人是内心不坚定的表现	121
把逻辑当作一种武器	122
难舍难得	122
推卸责任	123
做情绪的主人	126
婚姻不是天堂	128
精神状态很重要	130

第6章
嫉妒

嫉妒是爱的表现吗？	132
关于忠诚的问题	133
为什么不忠？	135
男女之间是否存在纯粹的"友谊"？	137
如何应对伴侣的花心？	138
嫉妒的目的	141
为自身的缺点寻找借口	141
吸引关注与获取权力	145
报复	146
引发伴侣的嫉妒	147

理解并帮助嫉妒的伴侣	148
嫉妒是一种精神疾病	153
如何克服我们自己的嫉妒心理	154
改变从自己开始	157

第7章
婚姻中的问题与冲突

人类问题的本质	161
一切事实都具有主观性	164
婚姻问题的社会背景	168
性生活不和谐	168
性满足需要相互调整	171
态度比技巧更重要	174
爱情需要不断地呵护	177
夫妻共同的挑战	178
姻亲是共同的任务	179
经济困难	183
男性是经济承担者	185
妻子的战略地位	188
培养新兴趣	191

娱乐活动和社会参与	197
失望的真正原因	199
寻找解决方案	201
婚姻咨询服务	206
离婚问题	208
女性的社会地位	211

第8章
父母身份

计划生育	216
孩子的作用	218
父亲的作用	221
母亲的作用	223
母亲的不足之处	224
养育孩子的常见错误	227
处理孩子问题的正确方法	233
理解孩子	239
生活方式	242
家庭结构	243
帮助孩子适应社会生活	251

第9章
解开两性之谜

个人的力量	255
性的困惑	257
改变的方向	261
婚姻关系的改变	264
不道德与新道德	265
婚姻问题是世界难题	267
社会正逐渐实现平等	268
人类的统一与平等	269
民主生活	272
女性对人类进步的贡献	275
走向新文化?	277
未来的人类	278
一夫一妻制的挑战	283
积极的态度	284
平和看待两性问题	285

第1章

什么是爱?

我们当然知道什么是爱。无论哪个年代,都有诗人和歌唱家赞美它,有愤世嫉俗者和厌世者攻击它,也有心理学家和哲学家来阐释它。没有人否认爱的存在,人们只是会争论到底什么是爱,因为有多少对有情人,就有多少关于爱的定义。

那么,既然人人都知道什么是爱,为什么人们对它的本质却存在如此大的争议呢?难道爱对每个观察者都穿上了不同的外衣?爱是否会因人们年龄的差异有所不同,或者随着每个人所处的文化背景的差异而有所变化?是否还会因人们性别、年龄或恋爱经历的不同而有所不同?(或者,因为爱的阐释者的性别、年龄或恋爱经历的不同而有所差异?)

我们在对爱情及其他人类现象的本质进行研究时,必须同时考虑到该问题所涉及的心理学和社会学两个方面的问题。心理学方面涉及个人的态度和目标，这是建立在个人智力和情感发展的基础上的；社会学方面则涉及社会的整体概念和习俗，而我们每一个个体都是社会的一部分。想要对爱情问题进行客观的评价，就必须从这两个方面进行分析。本章节，我们将从心理学方面入手来阐述爱情。

从心理学角度上讲，既然爱被认为是一种情绪的复合体，我们可以先探讨情绪的一般特征，然后再考察"爱"这一复杂情绪的具体特征。

情绪的作用

人们通常认为情绪是由周遭环境引起的。在人们看来，受到某种刺激的个体会自动做出与情境相应的情绪反应。例如，在巨大的噪声（如雷声）刺激下，或在无人陪伴时，婴儿会感到恐惧。人们认为，成人之所以会产生恐惧情绪，其复杂的心理过程实际上是建立在这种原始的刺激反应机制之上的。如今，关于人类行为大多基于这种"刺激—反应"机制的理论，已经得到了普遍的接受。

根据弗洛伊德的理论，人类所有的恐惧情绪都可以追溯到出生时受到的精神创伤，每个人在从母亲温暖安全的身体进入到一个冰冷陌生的世界的过程中，都会经历一种"原始焦虑"。弗洛伊德还提出了这样一个理论，即性兴奋被压制时会引发恐惧和焦虑，在这种情况下，性兴奋则无法得到正常的释放。①

这些概念也许有趣，也许正确，但它却不足以解释恐惧情绪的真正作用。很明显，无论是出于生理原因还是心理原因，每个人都需要恐惧情绪。恐惧情绪的存在只有一个目的，那就是避免危险或不愉快情况的发生。从目的论的角度来看待恐惧情绪，不仅有助于我们更好地理解这一情绪所涉及的心理机制，也提供给我们一种更好的方法来帮助自己理解自身的恐惧，并理智地对待它们。人类可能很难认识到恐惧情绪的目的，特别是在你无法根据常识和逻辑对其目的进行合理解释的时候，比如那些人们臆想出来的危险以及那些毫无道理的情感焦虑。然而，在你对此类情况进行认真的心理学分析之后，你就会发现恐惧情绪有一个非常明确的目的，即促使人们对这种情况采取防御态度，因为这种情况不仅可能威胁到人们的身体健康，而且更可能威胁到人们的个人声望和社会地位。

人类所有的情绪都有着它们特定的目标，即便成年人身上的这些情绪目标并不明显，但这一目标依然存在。只是它们会被一个精心设计的心理上层建筑所掩盖。情绪往往是由个体主动选择的。但人们很难觉察到这一事实，因为一旦人们认识到了情绪的目的，情绪就很难再发挥作用了。因此，一个人不承认自己对情绪的控制，这在心理上是必要的。情

---

① Sigmund Freud, Introductory Lectures to Psychoanalysis. Boni & Liveright, New York, 1920.

绪可以调控行为。人类的每一个行为举止都是理智与情绪联合作用的结果。我们会思考行为过后的利与弊，甚至还要清楚地认识到每一个选择的有利条件和不利障碍，这样才能够进行理性的判断与逻辑分析。然而，由于利弊几乎总是一样多，所以人们往往很难做出决定。为了朝着某个方向前进，我们必须强调自己所青睐的这一方向的表面价值。在此，我们呼唤自己的情绪，因为我们需要这些情绪来证明我们的决定是合理的，并且要努力克服这些可能会阻碍我们前进的障碍。缺少了这些情绪，我们就不能采取有力的行动。因此，我们要选择那些适合维持和坚定我们生活基本方向的情绪。

爱是一种情绪

现在让我们来谈谈什么是爱。爱是否像恐惧一样，是一种有目的的情绪呢？对于这样的想法，普遍存在着很多种偏见。我们从小就被教导说，爱是当一个人遇到自己"挚爱"的对象时所经历的事情。我们的大部分文学、电影和其他艺术作品往往都披着爱情的神秘外衣。我们所谓的"恋爱"和"失恋"，几乎就像我们撞上了一个看不见的物体一样，是一种意料之外的、无法解释的巧合。事实上，在我们看来，爱往往只是这样一场意外。我们夸夸其谈地把爱说成永恒的、不求回报的、不幸的、年少无知的、包罗万象的、盲目的，仿佛世界上有着不同类型的爱，而不是仅仅有不同类型的有情人。爱情会不会是某种神秘的力量,让两个幸运的人彼此相遇?所以,关于爱,我们真的只是被动的一方吗?

我们暂且将研究范围局限在性欲上,在我们称为爱的这一复杂情感中,它一直被认为是最难控制的元素。如果我们能证明,即便是人类最基本的性欲也能在我们的掌控之下,我们可以利用它来满足我们的目的,那么也许我们就更容易接受爱本身具有目的性这一观念。

性的功能

长期以来,我们一直通过类比动物性行为的方式来解释人类的性行为,这种做法其实是非常不妥的。甚至我们的语言习惯也证明了这一点,比如在很多语言中,像wolf(狼)、dog(狗)、lion(狮子)、bull(公牛)、古英语中的cuckold(戴绿帽子的男人)、西班牙语中的cabron(王八蛋)和其他语言中的bitch(母狗)等词都与人类的性行为有关。我们似乎随时准备用一种原始的、本能的、像动物一样的冲动来说明(责备或解释)我们的性行为,对此我们可以进行一定程度的"控制"。当然,这取决于我们文明的程度。这种对性行为的合理化解释很容易让人接受,但是人们往往忽略了一些人与动物最根本的生理区别。

第一,动物的性行为会受到物种和性别的限制。这一点对于人类的性生活是不适用的。

第二，雌性动物的性行为受发情周期的限制。也就是说，雌性只有在发情时才会发生性行为。而雄性只会被发情期的雌性吸引。然而，成年人在生理层面上却是时刻为性生活做好了准备的。

第三，动物的性欲受到必要的性腺及其功能的限制，阉割会让动物变成中性或无性。如果人类在青春期后接受卵巢或睾丸的摘除手术，他们的性征不会发生太大的改变。无论是在青春期性腺成熟之前，还是在更年期性腺功能停止之后，他们都有性兴奋的能力。

第四，动物的性行为不仅会受到条件的限制，同时也具有一定的冲动性。雄性一旦被唤起欲望，就不会停下，只能通过外力来制止。

当然，人们可以用从某些动物性行为中所观察到的证据来反驳这些事实。值得注意的是，那些在性生活方面表现得与人类非常接近的动物，实际上是受到了人类所特有的外界条件，如亲密的社会关系的影响。家畜、家禽以及一些群体生活的动物就与其他动物在许多方面存在着差异。人们发现在性生活方面最不受限制且最不容易发生性冲动的动物，往往都是群体生活极其密切的物种，如蜜蜂和蚂蚁等。它们几乎已经达到可以完全掌控性生活的程度。通过自己的努力，它们就可以决定哪一个后代是雄性、哪一个是雌性。它们甚至可以仅仅通过调整饮食的方法来生产无性物种（工蜂），这在动物界绝对是独一无二的。

灵长类动物，例如，猿和猴子，在性行为方面与人类很像。它们的性生活和人类一样，并不局限于某个特定时期。即它们的性行为没有周期性，这往往是因为它们总是倾向于通过性侵犯的方式获得统治地位，这种性冲动与其他由激素刺激而发生的性行为[①]有所不同。由于这种占有统治地位的欲望在任何时候都很强烈，所以任何时候都可以观察到它们的性行为。此外，同样的论据表明，猴子之间的同性恋行为并不是一种异常或变态行为。在大多数情况下，这种行为都与性冲动无关。这只不过是它们对其他同类统治与顺从态度的一种表达，而这种态度的表达是不分性别的。

很明显，我们人类也是如此，我们的性行为不会受到生理需求的限制和影响。只要我们学会了如何去掌控周围的环境，我们就摆脱了内在的生理冲动。在性生活方面，无论我们的性腺是否发育成熟，无论我们在哪个年龄阶段，我们都可以发生异性恋、同性恋，甚至是自恋等行为。当然，如果我们愿意，我们还可以选择不发生任何性行为。

目前，有许多理论都试图解释人类如何对生理上的性冲动进行改变。我们发现这些理论的大多数支持者都持有一个共同的观点。他们认为，在每个人的成长过程中，他们的一些个人经历会直接影响到他们的性取向。这种经历可以被视作一种精神创伤，限制了他的性欲，也可以被视作一种精神

[①] A. H. Maslow, Individual Psychology and the Social Behavior of Monkeys and Apes. International Journal of Individual Psychology, vol. 1, 1935.

刺激，限制了他的生理冲动。无论哪种情况，他的性行为都会受到外界环境的影响。

这是一个非常令人欣慰的观点。如果人们认准了这个观点，就相当于为自己放纵的行为找到了理论依据——唯一的前提就是他过去曾经遭受过"性创伤"。（然而，谁没有过呢！）现在的难题在于，对在所有童年或青春期遭遇过相同性经历的个体来说，只有很少的一部分个体会转变成性变态，而在这些性变态患者中，他们每个人的表现都有所不同。

性是一种工具

显然，决定人们性行为模式的某些因素一定存在着。有没有一种可能，即我们的性行为模式是由个人意愿决定的？而这种个人意愿是否说明了我们的性行为带有某个明确的目的呢？也许下面这个案例有助于我们回答这个问题。

D女士今年54岁了，最近她一直抱怨她60多岁的丈夫性欲实在是太旺盛了。当她的性欲大大降低时，D先生却几乎每晚都要跟她亲热，甚至比年轻时还要频繁。他坚持说他无法控制自己的性冲动，而且她有责任去满足他。

有人建议D女士不仅要满足她丈夫的要求，而且要表现得比他更有激情，甚至可以在性生活方面对他提出更多的要求。虽然她接受了这个建议，但她依旧非常担心和困惑。她后来反馈说，她的转变让她的丈夫非常吃惊。起初他不知道该怎么办，后来，她越要求，他越退缩，最后他竟然阳痿了。

从这个案例我们不难看出，我们面对的不仅仅是性冲动的问题。否则，妻子的反应也不至于会导致他阳痿。事实上，这对夫妇正在进行一场主权的博弈，丈夫希望能够利用他的性能力来捍卫自己的"主权"。他们之间的最基本问题是婚姻问题，而不是性问题，因此上面的策略并不能帮助他们解决这个问题。但这个案例却为我们提供了一个非常好的示范，告诉我们如何利用性生活来达到我们的目的。我们可以根据自己的目标来选择适当的性爱模式。[1]

然而，如果我们同意这个观点，那我们又如何理解之前所说的不清楚性生活的目的这个事实呢？有没有一种可能，即我们不想为自己的行为负责，仿佛我们只是被动地受到了性欲和情绪的支配？事实上，只要我们的意图不违背自己的良知，我们就要为自己的行为承担责任。但有时我们无法调和意图和良知之间的矛盾。所以，很多时候，我们都拒绝承认自己的意图，还用情绪作为借口来为自己的行为辩护。下面这个案例有助于说明这一问题。

约翰·B.先生正处于"热恋"之中。他情陷爱丽丝女

---

[1] "从一个人处理爱情和性问题的方式，可以了解他的性格。"（Alexandra Adler——Guiding Human Misfits. The Macmillan Company, New York, 1938.）

士，无法自拔。不幸的是，爱丽丝对他没有任何回应，也拒绝了约翰先生的求婚。但是约翰是那种为达目的不择手段的人，他坚持不懈地追求她、恳求她。然而，那个女孩依旧无动于衷。于是，约翰感到十分绝望，甚至以死相逼。最后，爱丽丝终于妥协了。在她看来，约翰的行为不恰恰证明了他有多爱她吗？所以，爱丽丝最终嫁给了他。

然而，婚后没多久，约翰又对爱丽丝失去了兴趣，忽视她，甚至在性生活方面也是如此。当她泪流满面地抱怨约翰不再爱她时，约翰告诉她，他没有办法，因为他已经不再爱她了！因此，他们两个离婚了。

可这之后没过多久，约翰又爱上了爱丽丝。没有她，他活不下去。现在约翰真的爱上了爱丽丝。于是又开始对她展开了追求，而且这次比以前更加强烈。为了逃避他，爱丽丝嫁给了别人。

这一次，约翰真的感受到了威胁。他又下定决心娶爱丽丝为妻。于是他拿爱丽丝的第二任丈夫的性命来威胁她。为了保护丈夫，爱丽丝和她的第二任丈夫离婚了。而后约翰对爱丽丝的追求越发猛烈。约翰说服了爱丽丝，让她相信上一次离婚已经给了他一个教训，他需要她，他是一个有冲劲的男人。此刻，他对爱丽丝的爱既深刻又永恒。所以，爱丽丝又嫁给了他。

然而，人们担心的事情还是发生了，没过多久，约翰又开始忽视他的妻子。当然，在他看来，这不是自己的错。因为不知怎的，他又失去了爱的能力。

显然，我们的主人公所关心的不是建立一种令人满意的恋爱关系，而是为了证明只要他愿意，他可以让一个女人在任何时候爱上他。一旦做到这一点，他对这个女人就不再感兴趣了，直到他对她的占有再次受到挑战。激励他的不是爱情，而是让一个女人臣服于他的欲望。他可以随随便便地说一句：爱情是不可靠的，来为自己开脱。然而，这种行为是多么无耻啊！

下面，我们一起来讨论一下我们称为"爱"的这个复杂情绪。我们是否可以证明自己能够决定爱的对象、确定爱的存在？我们是否会像利用性一样，利用爱来帮助我们达成某种目标？

浪漫的作用

在我们生活的那个年代，爱情的目标往往非常奇特。很少有人能实现自己最初的目标。我们之中，有多少人最终找到了美满的爱情？又有多少人不是在婚姻中委曲求全、艰难度日？有多少人满心期待自己能遇到爱情，却总是失望而归？甚至总会有一些老谋深算的家伙，带着嘲笑的口吻对外宣告：他们早就发现爱情是骗人的！这是多么让人又爱又恨的发现，就像他们宣称圣诞老人是不存在的一样。

在某种程度上，我们的爱情观和期待那个每年到家里造访一次、还给我们带礼物的那个神秘的快乐老头的想法有很多相似之处。我们只需要乖乖听话，闭上眼睛默默期待，圣诞老人就会在叮叮当当的钟声中，骑着驯鹿，伴着飘落的雪花到来，把对我们的奖励赏赐给我们。当然，如果我们试图睁开眼睛，弄清楚他到底是怎么来、怎么走的，那他就不理我们了。

"浪漫的爱情"是一个让人难以割舍的概念。我们的内心对爱情还是充满了向往。我们渴望自己的灵魂被某种我们无能为力的神秘力量攻击和征服。我们不愿放弃这个概念，就像我们不愿放弃我们童年的神话故事一样。对我们许多人来说，真爱的标准就是：爱的同时总要夹杂着些许不快乐。有时会心痛，有时会失眠，有时会搞得你无法集中精力工作。再加上一点嫉妒（不需要太多），你就拥有了得到浪漫爱情的秘诀。这样的爱情秘诀有谁敢质疑？我们不是早就在电影、电视连续剧、杂志、周刊等令人瞩目的地方一次又一次地见证了上面的爱情？

我们如何将这样的爱情与我们内心所期待的爱情进行比较呢？除非我们能够持续不断地感受到身体传递给我们的信号：无比地渴望和所爱的人在一起。不然，我们如何能确定自己已经坠入爱河了呢？当我们看到两个人和谐地在一起生活，看到他们生活中所表现出来的奉献、责任和归属感，我们一定会认为这是一对夫妻而不是恋人。我们会觉得他们之间的爱早已没有了浪漫与激情，或许还会为他们感到些许遗憾。你会认为还是那些风流倜傥的花花公子和风情万种的女人更能让你兴奋,他们热衷于各种浪漫的人和事,还会像展示战利品一样四处炫耀,以此来求得外界的赞许。

经历过一些事情之后,我们可能会大胆地猜测,也许浪漫并不像我们想的那样美好。否则,它就不会经常导致人们心痛、伤感和失望。看看那些单相思的人是多么魂不守舍,还有那些冲破重重阻力誓死相守的爱人,很多时候,一旦外界的阻力突然消失,他们的爱竟然也消失了。在很多人看来,最倾慕的恋人往往并不是最理想的伴侣:没人愿意嫁给一个花花公子。因此,通过这些细微的观察我们知道:浪漫的爱情不过是一剂兴奋剂,它偏离了我们的正常生活和理性判断。这种所谓的浪漫情感似乎只是在为我们描绘一种现实生活中永远无法兑现的承诺。它就像是失魂落魄的人做的一个白日梦,他不相信自己未来会过上幸福的生活,所以只好寻求一些不切实际的乐趣来缓解内心的绝望。

世界上是否存在其他类型的爱呢?那会是什么样子的呢?它会因为我们放弃了幻想浪漫爱情而眷顾我们吗?

爱的功能

爱与其他情感一样,总能帮助我们完成一些基本的个人目标。无论何时何地,无论爱情存在与否,无论你爱的人是谁、爱他有多深,无论你的爱是否能持久,所有这一切,都取决于彼此对这段关系的态度。因此，对于特别热爱社会生活的人而言，在爱情中他会做出极大的贡献，给予对方他所拥有的一切。通过爱情他表现出了内心对归属感的一种渴望。

但是，对于那些对社会生活毫无兴趣的人而言，爱情很可能会成为他的一种报复手段，让他更加想要逃离社会。正是在这种对爱情的滥用中，我们发现了激情甚至暴力，这些激情和暴力往往会导致一些不理智的、被禁止的爱情的发生。因为强烈的情感会压抑理智和良知，从而导致人们逃避承担社会责任。一个人对社会生活的方方面面反抗得越强烈，他就越想找到一个令人信服的借口，为自己的反抗正名。他可以直言是因为自己对爱情束手无策才会有此言行，还有比这更好的托词吗？

如果我们承认，我们根据自己最初的目标来选择恋爱的对象，那别人就会说是你主宰了自己的爱情。当然，这个决定大多数都是在你毫无意识的情况下做出的。

从心理学角度来讲，意识到恋爱的那一刻非常重要。一旦开始恋爱，就代表你想要给自己一个接受他人的机会，代表了你的兴趣将长期保留在另一个人身上，同时也说明你很想和对方在一起。

一旦你们对彼此的态度发生了改变，你们之间的爱情就会受到威胁。当我们在生活中遭遇严重的挫折时，我们对社会生活的兴趣就会大打折扣。我们会对那些以往忽视的问题变得特别敏感。由此,我们发现自己的爱情幻想中存在着些许污点,并开始寻找自己想象中的完美爱情。

因此,爱情的好坏取决于彼此最初的目标。如果最初的目标是要实现相互合作、彼此成就,那么爱情就会是一种美好的祝愿,把我们灵魂深处的诗情画意尽情地展现出来。如果双方对彼此都很失望,互不信任,不愿合作,那么爱情就会变成魔鬼,既破坏了双方的责任,也摧毁了彼此的体面。"只有勇敢的人才能体验到真正的爱"。[1]

爱情是人生三大任务之一

爱情对一个人到底意味着什么,这取决于他如何将爱体现在自己生活的方方面面。作为人类社会的一部分,爱情是每个人都必须面临的挑战。爱情与人生的另外两项任务,即工作和社交密不可分。人生成功与否在于能否完成好上面这三项任务。这三个问题的解决,需要你具备一定的社会情感,还需要你拥有足够的勇气和合作精神。一个好丈夫通常也会是一个好的合作伙伴和朋友。相反,那些逃避爱情和婚姻的人,往往是个胆小鬼,他很可能在社会生活的其他方面也一事无成。

当然,上述三个生活问题之间的相互作用,也可能会

---

[1] Erwin Wexberg, The Psychology of Sex, Farrar & Rinehart, New York, 1931.

导致矛盾的发生。你在完成一项任务的同时，很可能会与另外一项发生冲突。一个人如果坠入情网难以脱身，那么他很可能就没有时间，也无法头脑清醒地去工作。他会因过分沉溺于爱情，而忽视了其他的生活问题。还有的人，也许太痴迷于工作了，以至于他会为此逃避所有的与异性交往和社交活动。一个人如果不能正确地对待爱情，那他生活的方方面面都会受到不同程度的影响。即使是非常幸福的婚姻，有时也会产生反社会的欲望，从而逃避与社会生活的任何接触。爱情本身是相互矛盾的。比如，性感的外表可能会让一个人为之着迷，也可能会让另一个人产生误解，影响彼此之间的关系。虽然在这两种情况下两个人似乎都能体验到爱的"感觉"，但也都会影响到二者的结合。

爱的定义

现在，我们明白了为什么对于"什么是爱"这个问题一直没有令人满意的答案了。从科学的角度来看，无论两个人的性别是否相异，无论两个人之间的感情是些许同情还是深情投入，无论他们之间有没有明显的性欲，只要两个人相互吸引，我们就把它归属于"爱情"的范畴。我们不得不把所有性别之间的相互吸引都包括在内，无论双方是异性还是同性。当然，这种广泛的定义对实际应用来说并没有什么参考价值。因为，我们不可能客观地判断哪一种爱是发自内心的，哪一种爱是虚伪的；哪个是真切的，哪个是想象的。爱情是极为主观的一种人类情感。就像我们常常对外谈论的一样，人们把所有强烈的欲望情绪都称为爱，无论它的初衷是源于奉献还是源于统治，无论它呈现出的是天堂还是地狱、幸福还是悲哀。

为了弄清楚，为什么有那么多人，与生俱来就拥有爱的能力，却总是滥用爱情，或拒绝尝试爱情？为什么有那么多人对自己的爱情都感到失望、痛苦？为什么人们越来越难拥有和谐美满的婚姻生活？我们必须从社会因素方面寻找原因。其实，追本溯源，我们往往会得到这样一个结论，那就是我们大多数人对自己和他人都缺乏信心，没有足够的信心，就不可能大胆地、积极地去释放我们的爱。很显然，我们还没有做好准备，当然很多被人们称为爱情的东西，其实并不是爱。

第2章

两性之间的战争

为情所困是一个社会难题

世界上有成百上千万的人尝尽了爱情之苦,他们饱受嫉妒、失望的折磨,对身旁的伴侣无比厌倦,对自己的婚姻痛苦不已,内心孤独落寞,日子过得了无生趣。对于这种情况,我们不能随随便便地就给个理由,说是两个人感情不和。当一个问题在很多人身上同时发生的时候,我们就必须去寻找更深层次的原因,也许是社会结构的问题,虽然这些人的遭遇看似不同,对人们的影响却如出一辙。

所以,这个时候,每个人都是他们性别的代表。无论是张先生的婚姻问题,还是赵女士和她男朋友之间的矛盾,都代表了社会上普遍存在的两性问题,因为他们的问题与世界上成百上千万男女之间的问题是一模一样的。即使有些人并不承认两性之间存在着战争,他们也依旧难逃厄运。尽管一些人认识到了这个问题的存在,他们也很难理解导致这场战争的真正原因。那战争的根源在哪儿呢?难道是因为男女之间天生的生理和心理差异呢,还是因为我们现在的社会生活普遍压力太大所导致的?

男性和女性之间似乎存在着一种"天然"的对立关系,所以才导致了他们彼此之间矛盾纷争不断。"相思病""嫉妒心"以及"通奸行为",早在人类最开始出现时就有了。只是在不同时代这些问题发生的频率和影响范围不同罢了。我们有充分的理由相信,与现在相比,在过去的年代里,比如一百或两百年前,男性和女性之间对彼此更加满足,关系也更加亲近。今天,欲求不满、婚姻不顺比以往任何时候发生得都更为频繁,这些问题在不同的国家和民族呈现出了明显不同的特征。表面上看,这些差异似乎是由种族或地理因素造成的。新西兰的婚姻问题与拉美国家不同,欧洲国家的婚姻问题跟亚洲国家的也不一样,同样的问题在不同的宗教信仰者中的信徒身上也有很大的差别。但是,通过对这些问题进行对比分析,我们可以发现,无论任何国家、任何民族,有一个因素对于判断婚姻问题的类型和性质都具有非常重要的作用,那就是女性的社会地位。此外,婚姻问题加剧或频繁发生与男女之间社会关系的显著变化有着直接的关系。

女性的社会地位

通过观察我们发现，现如今女性的社会地位一直在发生变化，我们必须了解这些变化的性质和方向，以便能够准确地判断它们所带来的影响。显然，现在的女性不再像以前那样依赖于男性，她们比以往拥有更多的权利。许多男性，甚至连很多女性都坚定地认为男性的性别更优越，并把女性的独立看作一切罪恶的根源。他们深信，如果女性恢复到半奴隶社会的地位，不再享有她们今天所拥有的社会地位、性和职业自由，他们就会重获幸福的婚姻，两性之间的关系也会重新恢复和平。持有这种观点的人认为女性在生理上低人一等，并认为目前两性之间日渐平等的关系是反常的，且具有一定的灾难性。他们提到女性在身材和肌肉能力方面存在一定的缺陷，特别是女性的大脑相对小，这足以证明女性天生就是男性的附属物。莫比乌斯曾说过：女性存在"生理上的低能"。"你怎么能把女人当回事？跟她们在一起时，别忘了带上你的鞭子！"[1]这是崇尚"男性至上"的哲学家尼采在他的著作《扎拉图斯特拉如是说》里面

---

[1] Paul Julius August Moebius, Uber den Physiologischen Schwachsinn des Weibes. C. Marhold, Halle, 1901.

提到的。最近，德国人类学家瓦尔代耶指出，大量的测量和数据统计证明，女性的大脑较小，体力较弱，成年后依然保留着许多婴儿和儿童时期的特征等。[1]因此，在这些人看来，所有为了实现两性完全平等，向女性开放男性所享有的一切活动的做法都是错误的，且终将以失败告终。

然而，历史证明，这种女性低人一等的观念并不合理。持有这种观点的人不承认，也不相信女性并不总是处于从属地位。

男性科学家的困惑

人类经历过女性占主导地位的历史文化时期。不幸的是，我们对于女性统治（母系社会）的范围和时间，并没有获得明确和广泛的共识。虽然听起来不可思议，但科学家们经常误读有关母系社会的历史证据。他们目前对于这方面的观点、态度十分混乱，这是因为很多科学家对于相关的问题都抱有偏见。就像母系社会和父系社会之间存在着各种分歧一样，长久以来，人们对于很多显而易见的事实依旧争议不断。无论是那些对埃及历史事件进行描述的希腊历史学家，还是那些对斯巴达局势感到困惑的雅典人，都犯了同样的错误，即在无意间曲解了当时的历史事实；这些长期生活在男

---

[1] Waldeyer, The Somatic Differences of the Two Sexes. Open Address to the German Society of Anthropology at Essen, 1944. Science, vol. 103, 1946.

性霸权下的男人无法理解母系社会的风俗和习惯。

这种现象从古至今一直如此。1861年,瑞典人类学家巴霍芬①出版了他人生第一本关于"母系统治"的书,书中揭示了以前从未被人们注意到的几种社会关系。19世纪末,大量关于母系文化的科学文献得以出版发行,内容描述了在女性统治下的古代社会和原始社会的风貌。当然这一社会科学研究之所以能够得以展开是因为当时女性解放思想的盛行。20世纪初,历史学家、社会学家和人类学家的观点发生了彻底转变。芬兰社会学家韦斯特马克是当代思想变革的主要倡导者。②几十年来,母系社会在美国一直都被视为是不科学的。奇怪的是,在法西斯主义兴起之前,欧洲的科学家们并没有参与这种倒退的发展,直到纳粹主义③兴起,占主导地位的社会科学家们依旧认为母系文化是存在的。只是他们的著作鲜为人知,在当代美国研究中也很少被引用。罗伯特·布里福尔特④付出了很大的努力,才恢复了先前这些备受嘲讽的观点在科学上的尊严。自从他与韦斯特马克对这些观点展开公开辩论之后,人们终于可以公开地讨论母系制度⑤了。

---

①J. Bachofen, Das Mutterrecht. Krais and Hoffmann, Stuttgart, 1861.
②Edward Westermarck, The History of Human Marriage. The Macmillan Company, New York, 1921.
③Waldyer指出:"在任何时候和任何地方,女性的地位都比男性低。"
④Robert Briffault, The Mothers, The Macmillan Company, New York, 1927.
⑤目前大多数顶尖的社会学家和人类学家仍然否认人类社会曾经由女性统治(R. H. Lowie, Primitive Society. Liveright, New York, 1920.)。这种观点在社会学领域得到广泛认可。他们强调并指出不存在"真正的母系",并且女性从来都不是统治者。而布里法特、玛蒂尔德和马赛厄斯·瓦尔汀(转下页)

母系制度下的两性关系非常有趣，并且为我们理解当今社会的状况提供了重要线索。从母系社会的角度来分析当前关于两性和婚姻的矛盾，使我们拥有了许多新的发现。在我们的社会中，男性所特有的职能和权利被视为占主导地位性别的社会职能，而在某些情况下，在我们的社会文化中，

（接上页）（The Dominant Sex, G. Allen and Unwin, London, 1923.），以及许多学者报道了大量与之相反的科学发现。洛伊和其他顶尖人类学家无视古代社会，其中一些古代社会拥有广泛的女性至上主义，比如克里特岛、斯巴达和早期的埃及。他们主要研究这样的原始社会：社会中有大量证据可以表明典型的母系社会结构，母系亲属关系、母系居住地、父系关系和类似的情况。但他们只是描述了这些情况，却并没有承认这些女性社会特权表明了母系统治的不同程度和阶段。

我们必须同意洛伊的观点："社会现象并不简单。因此，相同的条件，会由于未知因素的数量不确定，将在不同领域产生截然不同的结果。"（In General Anthropology, Edited by Franz Boas. D. C. Heath & Company, Boston, 1938）由此产生的各种形式和结构不应阻止人们承认所有母系现象的基础。这似乎是鲁丝·本尼迪克特的作品，尤其是玛格丽特·米德可能会开创人类学的新思潮。他们的发现似乎更符合我们对人类行为的心理观察。巴伯（Baber）说："人类学家的理论是在对广泛分散的原始人进行详尽研究后得出的'似是而非的假设'。但他们发现的多样性和由此产生的矛盾概括，让任何人都会犹豫不定地接受一种理论。"Marriage and the Family; McGraw-Hill, New York, 1939）此说法把握住了重点。由此，似乎每种概括说法都是不合理的，无论是经常遇到的关于母系总是先于文明社会的父权制结构的断言，还是关于真正的母系从未存在过的说法。在各种社会条件下，可能会出现任何一种社会组织。

显然，关于社会的科学概念在不同时期和地点都各不相同。这里接受的概念，会在其他地方被否认。昨天被认为是正确的概念，今天就被认为是错的，但也许在明天又被认为是正确的。这是一个有趣的问题。思考是否只有通过使早期科学发现过时的新科学发现，才会让科学的概念发生变化，或者思考它们是否反映了科学家所受到的社会影响，不比一个团体的任何其他成员更少。同样，这些相互矛盾的观点融合了当今许多科学领域，如人类学、社会学、历史学、精神病学、心理学、甚至物理学，表明了任何科学发现的相关性。比起绝对真理，这些相互矛盾的观点更多地反映了科学家们的个人观点，而绝对真理可能是不存在的。也许我们可以假设，科学家之间产生的困惑，反映了整个文化时代和我们生活的社会的融合吗？

所有这些男性的权利和职能，女性也同样拥有。"所谓的男性的优越性，既没有生理基础，也没有心理基础。任何现有的优势都仅仅是经济情况，我们更情愿说成是社会情况。"①

通过对那些处于亲密群体关系的圈养动物进行观察，也能看到相似的情况。"最强壮的猴子统治着笼子，并完成所有的交配活动。无论这个占有主导地位的猴子是雄性还是雌性，都没有任何的区别。如果雌性猴子是最强壮的动物，那它的性行为和雄性霸主是完全一样的。"②

占主导地位性别的四项权利

当某一种性别相对于另一种性别占主导地位时，它的特征便是享有某些特殊权利。这些特权包括政治、社会、经济和性权利，通过这些特权，这种性别在群体中的支配地位才得以确立。

此前，这些权利一直被男性掌控，直到一百年前才得以缓解。在男权社会中，很少会出现女性统治者，只有在封建社会的某些特殊情况下才会有些许例外。一般情况下，女性

---

①W. Reran Wolfe, A Woman's Best Years, Emerson Books, New York, 1935.
②A. H. Maslow. Cf. page 9.

是不允许承担哪怕一丁点的政治和行政职务的。

社会权利也是如此，女性没有任何的社会权利，她们的社会特权完全取决于丈夫、父亲或兄弟的地位。妇女的社会地位随着她所依赖的那个男人的地位而改变，任何社会地位都可以通过婚姻获得。单身的女人什么都不是，而通过男人——她可以成就一切！

女性的经济地位与其社会地位一样，具有一定的依赖性。她没有经济能力，只能为男人工作，要么在自己家里做家务，要么在别人家里做用人。女性不能继承或拥有财产。她的收入归属于家里的掌权者。只有男性才能拥有财产、签订合同、拥有起诉或被起诉的权利。[1]

特殊的性权利

占主导地位的性别在性生活上也享有一定的权利，我们称为性权利。"性权利"一词的含义似乎很难理解。每个人"天生"具有结婚的权利、恋爱的权利和满足性欲的权利。除此之外，人们还有其他的性权利吗？答案是肯定的。对于这些"天生"的权利，人们的使用方式至关重要。社会上存在着明确的规则来分别指导男性和女性的行为，有些特

---

[1] Ray E. Baber, Marriage and the Family. McGraw-Hill, New York, 1939.

权只属于占主导地位的性别。这些特权意味着占主导地位的性别拥有自主选择、亲近、赢得配偶的权利，甚至他们还拥有滥交的权利。

在男性统治的极端时期，女性只是男性发泄欲望的对象，是男性可以无限拥有的财产。那个时候，人们很自然地认为男性可以同时拥有很多个妻子，而女性则必须严格地忠于一个男人。

在母系社会中，情况就大不一样了[1]，这时候女性拥有一定的政治权利。她们决定了自己的男人以及后代的社会地位。男性入赘到女性的家族，而孩子们则全部跟随母亲的姓氏。有时，社会上的重要职位都专门由女性承担。女性是社群中智慧与能力的代表。早期人类文化中的很多重要发现很可能要归功于女性。因为，很可能是女性发现了火，发明了烹饪、织布、缝纫和制衣。人们常常觉得，是女性发现并最先从事农业活动的，男性则处于从属地位，为那些聪明能干的女性充当仆人或助手。男性的主要职业是猎人和士兵，这些职业往往存在着一些女性不应该面对的潜在危险。而女性需要做的是那些精巧细致的工作。并且猎人和士兵的社会地

---

[1] 本书中所有提及历史上母系社会的地方，如果无另行说明，都取自罗伯特·布雷弗特和马赛厄斯·瓦尔汀汇编的科研材料，（例如：Briffault: The Mothers; Vaerting: The Dominant Sex, Cf. page 23.）

位并不显赫。[①]从母系社会的视角，我们可以理解为什么在斯巴达，男婴出生后如果不够强壮和健康，就会被立即处死。他们很可能无法成为一个优秀的士兵，因此他们对社会毫无用处。但女孩们可不这样。女孩们无论在心理或身体上是否有缺陷，其生存权都不会受到争议，她们会被无条件地接纳为社会的重要成员。

正如女性享有较高的社会地位一样，毋庸置疑，性权利也是她们的专属特权。例如，在斯巴达，只有女性享有性自由的权利，所有针对性行为的限制，包括绝对的贞洁等要求，都是针对男性的。在母系社会，女性可以选择自己的丈夫，而男性只能被动地等待。在有些部落，女性会付钱给即将入赘的男性的家庭，然后这些家庭会把他从家族族谱中除名，然后让男性加入女性的家族族谱。

女性的羞怯——一种文化要求

这些事实证明，女性消极被动的态度并不是与生俱来的，这与她们的身体特征以及母亲的角色没有任何的关系。

[①]许多人认为，人类为加强体力而做出的训练和选择，成为人类社会地位发展的决定性因素。当人类安定下来，有了私人财产的时候，人类以前从未重视的体力，就变成了保护和捍卫新获得的财产的至关重要的因素。相当微不足道的士兵也能在群体中获得第一力量的位置，而直到最近，他也一直留在这个位置上。Henry J. Maine（Ancient Law. J. MurrayLondon, 1906.）认为，私人财产是女性的堕落。这种安定和建立私有财产的变化开启了一个新的文化阶段，即文明。

虽然女性扮演着母亲的角色，但这不该是让女性处于被动地位的原因，也不意味着女性有维护贞洁的义务。而男性所拥有的性特权也并不意味着他们可以肆无忌惮地生儿育女。人们之所以把谦逊和道德等方面的要求强加给某一个性别，这与他们所在的社会文化有直接的关系，在他们生活的社会，对性行为是否"正确"有着明确的规定。下面这个传说可以说明这样一个事实：性行为只受社会习俗的影响。

据说，拿破仑在埃及时，曾路过一个小村庄。一天，他意外地闯入了一个房间，遇到了几名妇女。她们一看到拿破仑走进来，就迅速地撩起裙子把脸遮住。在她们看来，露出下身是没什么大不了的，但无论如何都不能让一个陌生男人看到她们的脸。

显然，社会习俗和传统文化影响着我们这代人的生活方式，这些习俗和文化强调自然科学，我们常常将这些生活方式归咎于生理和心理需求。[1]与生活在男权社会中的我们一样，生活在母系社会的人们也会为自己的各种习惯追根溯源。

在母系社会，从来没有恋爱过的女性结婚的概率很小。因为只有经历了许多风流韵事之后，女性才更讨人喜欢。如果以前没有人爱过她，那她一定有问题。在父系社会中，与未曾生育过的女孩相比，有私生子的女性更难找到丈夫，但

---

[1] "人是由习俗塑造的，而不是由本能塑造的。"（Ruth Benedict, Patterns of Culture, Houghton Mifflin Company, Boston, 1934.）

在母系制度下,在婚前便证明自己有生育能力的女孩子往往更受欢迎。

在当前的文化中,依然实行严格的父权制度,现在的习俗与母权制度下的习俗并不相同。在母权制度下,常常只禁止男性通奸。对当时的男性来说,奸情一旦被发现就意味着他会被处死。但传统文化和习俗认为,女孩就应该天真地等待一个男人来屈尊选择她作为自己的妻子。女性被要求保持贞洁,因为拥有婚前性经历只是男性的特权。所有蔑视这一社会传统的女性都会遭到厌弃。与此同时,男人却无可辩驳地拥有性自由和不忠的权利,这与现有的宗教、道德准则、法律法规形成了鲜明的对比。沉溺于婚外情的男人往往不会因此而失去他们的社会地位。直到今天,这种局面才开始发生变化。

"男性至上"的衰落

在过去一百年的时间里,有一个相当明显的变化。那就是男性的优越感正在逐渐消失。女性的地位正在缓慢持续地提升。她们拥有了与男性同等的政治权利,也重新获得了一定的社会权利和经济权利。她们拥有了属于自己的社会地位和经济地位,并且几乎可以从事社会上的任何职位。甚至有的男性还会在社会地位或经济地位上依附于自己的妻子。此外,女性还享有曾经被剥夺的性自由。这一切是怎么发生的呢？

大约在19世纪中叶，美国社会结构开始转型，经济结构也开始发生变化，随之而来的是女性权利的提升。正如财产私有制时代影响了女性的地位，终结了母系制度一样，经济的变化也给女性的地位带来了一定的影响。在资本主义盛行的时代，每个人都可以通过金钱和财富来获得公民最基本的权利，甚至是特权。新的社会结构通过金钱来判断一个人社会地位的高低，这直接导致了只承认世袭贵族的封建主义的终结，促进了人权的确立。

随之而来的自由主义，至少在理论上给了每个人公平的机会以获得社会地位的认可。人生而平等的思想促进了以往受压迫群体的自由和解放。劳动者、有色人种、儿童和妇女开始被视为具有基本人权的个体。自此，男性支配女性的权利大大降低。在欧洲，第一次世界大战加速了这一变化的发展进程。女性逐渐开始取代男性，进入了以前不对她们开放的职业领域，重新赢得了社会的认可。随着女性重新获得经济上的独立，她们也重新获得了性自由，而男性的目光短浅、傲慢自负，也加速了这一变化的进程。因为新的社会变革为男性提供了一个新的机会，他们可以寻找相同社会阶层的女孩来满足自身的性欲，而不用像以前那样被要求付出婚姻的代价。现在他们可以找到一个既不需要付钱也不用委屈自己的情人了，他们既不用承担责任，也不用放弃自己梦寐以求的自由。然而，在满足自身欲望的同时，他们也给了自己的女伴性表达和婚外情的自由。因此，他们的特权也就逐渐消失了。

爱是一场战争

在女性受到羞辱的时候，两性之间的战争可以简单地理解为被压迫者对暴君的反抗。世界上几乎所有的语言都可以用战争术语来描述爱情关系。这反映出两性之间存在着永恒的战争。一个人越有魅力就越"危险"。调情可以看成一次"战略"。女人就好像是被包围的"堡垒"，终有一天，会被男人"攻破"。所以，她们必须奋起"抵抗"。在受到攻击时，她们可能"无力反抗"；但若完全被"敌人"征服，我们甚至可以称为"陷落"。即便人们使用这些战争术语是用来开玩笑的，但依旧能显示出爱情游戏具有战争属性。这场两性之间的战争最显著的特征便是强者的侵略和弱者的妥协，最终二者不得不结成联盟。

人们可能会觉得，如果一种性别停止了对另外一种性别的压迫，二者之间的紧张局面可能就会随之减弱。然而，事实恰恰相反。在女性不得不服从男性的时代，她们别无选择，因此或多或少理所当然地接受了自己的地位。例如，几个世纪前，德国的一些小村庄经常发生这样的事：如果哪个男人怕老婆，他就会收到邻居们的警告，意思是如果他不愿意或不能征服他的妻子，他就必须和他的家人一起离开村庄。这是因为如果一个女人不服管教，那么其他男人的优越地位就会因为她树立的榜样而受到威胁。男性总是自然而然地被认为他们是处于统治地位的那个人，统治是男性的权利和义务。这是为什么呢？就因为他们是穿裤子的吗？

当前，这种"男性必须处于支配地位"和"女性必须处于服从地位"的强制性社会规则正在逐渐被淘汰。有了新的社会地位，女性可以反抗压迫，与注定屈从的命运作斗争。女性渴望权利，愿意且有能力为之奋斗。因此，两性关系变得比以往任何时候都紧张；两性之间的战争已经达到了一种暴力的状态，这极有可能会破坏双方之间的理解与合作。

两性关系的乱局

两性之间愈演愈烈的战争导致他们的关系陷入了一场乱局。直到现在，没有一个人能够摆脱这些严格的规定。现在，随着旧的法律法规的废除，任何一个男性或者女性都必须在与另一性别的关系中确立自己的地位。女性再也不必委屈自己，男性也不再能依靠他们那仅有的男子气概了。结果，我们发现几乎每对夫妇之间的权力分配都有所不同。有时，男性拥有一切权力，就好比在极端的男权统治的历史时期那样；而有的时候，则是女性拥有一切权力，就像在母系社会那样。每对夫妇都必须在这两种极端状态之间的某个点上找到自己的位置，但他们很少能成功地建立起真正的平衡状态。男性必须高人一等的传统信念依然存在。很多男性和女性仍然坚持这个老旧的观念。女性常常不承认自己害怕低人一等,而男人在怀疑自己的主宰能力时,仍然觉得有必要证明一下自己的优越性。随之而来的是,无论男性还是女性都对这个所谓的"男性优越性"产生了一定程度的怨恨心理,阿尔弗雷德·阿德勒将其称为"男性的反抗"。①每个性别的人都认为另一性别威胁到了自己的个人威望,因此两性之间的关系就变得更加地紧张。

在任何一个国家,男女之间的关系都是混乱无序的,因此在这些国家,女性地位的变化也就毫无规律可循。我们在对不同的文化进行比较时,可以预见到很多差异的存在,比如亚洲人与欧美人之间就有着明显的差异。但令人困惑的是,在同一文化背景下,人与人之间也存在着许多的差异。

当今每个国家都在经历着由男权主义向其他社会关系的过渡,在这个过渡阶段中,我们能看到各种类型的男女关系,有的是男性完全占主导地位,有的是女性占主导地位,还有很多是处于中间阶段的某种状态。在世界各地,女性都在逐渐摆脱顺从依赖的社会地位,只是这一过程并不顺利,不同国家达到的阶段也各不相同。一般来说,拉美国家在这一方面较为落后。也许是因为这些国家工业化进程迟缓,所以女性解放运动也开始得较晚。例如,与俄罗斯的女性相

---

①Alfred Adler, The Neurotic Constitution. Moffat, Yard & Company, New York, 1917.

比，意大利和法国女性的地位就相对差很多。事实上，目前任何一个国家都不存在母系制度，有些男性喜欢对比不同的历史时期的社会关系，从而将美国的情况视为母系制度。事实上，美国并没有母系统治的社会迹象，只不过美国的女性目前已经获得了平等关系。

女性解放斗争

女性解放斗争发展非常迅速。我们今天对某一个国家的正确评价，也许在几年后就不正确了。我们通过对各国的现状做一个简单的分析，就能看出这些国家的快速变化。在当前的文明社会，强大的父系社会早已不复存在。随着一些国家一夫多妻制的废除，男性至上的堡垒终于彻底瓦解。这一变化不仅仅是行政制度的改变，更代表了女性社会地位的提升。

德国的情况非常有意思。第一次世界大战促进了女性解放斗争的快速发展，德国的社会主义萌芽就见证了这一发展变化。法西斯主义之所以被认为具有反动性，就在于它带有封建主义标志，而这些标志往往是不被认可的。此外，它还有恢复男性霸权的倾向。法西斯主义让女性在家庭中的地位降低到原始的水平，并把传宗接代看作女性的主要职责。它鼓励男性自由生育，这在某种程度上助长了一夫多妻制。法西斯主义还在一些被占领的国家重建奴隶社会，把女性奴隶用作性奴，甚至还把她们驱逐到卖淫场所。

在俄罗斯，俄国革命之后，性别平等的趋势得到了快速的发展。这一时期，俄罗斯女性获得的权利比其他任何国家都多。世界各地都普遍存在着法律平等与事实平等之间的差异。许多国家在确立法律平等方面取得了初步进展，却久久不能付诸实践。

在美国，不少有关妇女地位的公开讨论都会遭到反对。我们个人观念的形成，往往会受到所在社会的文化传统、文化背景以及我们所接受的教育的影响。这些影响因素使得我们愿意接受或拒绝某些事实，还会促使我们产生各种情绪，阻碍我们对事物进行客观理性的分析。如果我们得出女性应该与男性拥有同样的特权这一结论，这会让许多女性感到开心。她们很乐意听到这一点，因为她们为自己的成就感到骄傲。甚至有些男性也会同意这样的观点，只不过他们要么带着屈尊俯就的微笑，要么抱怨女性已经拥有了太多的权利。事实上，对于他们来说，客观评价所揭示的事实会激起他们的自满情绪。因为不管他们是否愿意相信，美国的女性并没有拥有全部的特权。所有那些相信已经建立真正平等的人，只会暴露出他们的男权主义思想，他们担心进一步发展将有可能意味着女性至上观念的形成。女性自身也会感到越来越困惑，她们沉浸在假想的优越感中，这是男人为了转移女人的注意力而制造的一种错觉。还是让我们面对事实吧！我们所界定的四项权利包括政治权利、社会权利、经济权利和性权利，这些权利目前并没有在两性之间实现平等。

在政治层面：《宪法》赋予了女性与男性同等的权利。然而，女性真的能享有这些权利吗？女性享有充分的选举权，这点没有任何争议，但实际上女性担任公职的人数却远远少于男性。即便是女性自己都很难想象女人也能成为优秀的美国总统，尽管她们一再重申男女平等。那些出于各种原因对女性表现出尊重的男性也会质疑女性的政治能力。（他们真是大错特错了！）

在社会地位层面：在这一领域内，女性最接近平等，甚至有些时候，女性的社会地位还会明显高于男性。但这种现象之所以存在往往是由于男性对社会琐事的蔑视。这让我们认清了一个事实，即单身男性仍旧比单身女性更容易被社会所接受，这对女性来讲是项真正的挑战。在社交场合，剩女往往令人畏惧，而剩男反而令人向往。一个男人娶一个社会地位不如他的女人比一个女人下嫁更冒险，而且最重要的是，女性仍然接受婚后冠以夫姓，而男性则不然。

在经济和职业层面：虽然统计数据显示美国大部分资产为女性所有，但谁来管理这些钱呢？肯定是男性——因为社会上绝大多数经济管理方面的工作都由男性承担。没人否认确实有很多女性在企业管理和商务运营方面拥有很高的地位，但她们仍然被认为是少数例外情况。人们对女性工作的认可度普遍不高，当男员工和女员工做同样的工作时，我们往往会看到男员工的酬劳普遍要高一些。很多女性都在为她们现在的地位感到自豪，但很少有人知道，即使在今天，许多大学依然不允许女老师参加大学俱乐部，或者只允许她们从后门进入俱乐部。尽管法律强调男女平等，但事实上，女性被排除在许多职业之外。你随便采访一位女医生就会发现她们总是会遇到各种各样的困境。很少有女性能够成为工程师，此外，对于加入陆军和海军，这仍然是男性的特权，尽管最近有些许例外情况。此外，人们普遍认为在大规模失业的情况下，女性应该主动放弃她们的工作，而不是让男性整天无所事事。男人赡养妻子被认为是理所当然的，如果他们在经济上依赖女人就会被人看不起。许多婚姻问题的根源都在于男人坚信一定要通过经济能力来证明自己的男子气概。事业成功的女性常常在公共场合表现出自己可以"像个男人一样"，而这一点恰恰说明了她们的自我怀疑，难道作为女人她们就不能做得一样好？

在性生活层面：众所周知，美国女性在性生活上常常是主动的一方，但这并不能掩盖这样一个事实：在大多数情况下，女性仍然期待男人掌握主动权，而不是男人坐等女人主动。美国女性婚姻生活中的许多悲剧都是由于她们对自己所爱的男人过于敬仰。这往往意味着悲剧，因为对于一个受过良好教育和久经世故的女孩来说，找到一个比她们优秀的男人是非常困难的。一旦她们如愿找到这样的伴侣，她们便会厌烦他的优越感，并不断地向他发出挑战。尽管许多女孩都喜欢高高在上的感觉，但她们仍旧会拒绝和一个比她们个子矮的男孩约会。越来越多的家庭中都是女性的能力远远大于男性，但整体而言，这样的家庭仍是少数。女性羞于承认她的丈夫不够优秀，因为那将意味着他并不是一个真正的男人。

性别魅力与骑士精神的谬论

大多数女性都希望尽可能多地展示出自己性感诱人的一面，从这个事实可以看出，男女平等的假设实际上是不成立的。大多数女性都会羡慕、嫉妒那些有着魔鬼身材的性感女孩，如果身体和经济条件允许，还会有人去模仿她们。很少有人会停下来思考，这个现象其实是在表明女性主动让自己成为男性性欲的对象，这与雌性动物主动去卖弄身姿吸引异性没什么区别。吸引力一直是劣势性别用来吸引优势性别的常用手段。

人们很少会注意到性吸引力和赢得真正的尊重之间的区别。古往今来，男性在羞辱女性这件事上所花费的代价大同小异，而女性依然跟过去一样愚蠢，喜欢接受男性的小恩小惠。事实上，这种古老的"交易手段"到现在依旧流行。现代女孩非常容易受到"骑士精神"的影响，这是一种古老的民族信仰。表面上这种所谓的"骑士精神"似乎在倡导高度尊重女性。但事实确实如此吗？所谓的"骑士精神"难道不是那些高傲自信的强者对孤独无助的弱者的一种怜悯态度吗？然而，把这种行为模式用到社会的中流砥柱身上，似乎也不太合适吧，这怎么能称得上是"骑士精神"呢？有时候我们身边的男性所表现出来的骑士精神很可能会被一些女性理解为是一个胆小怕事的男人所表现出来的怯懦。然而，迄今为止，这种古老的把戏依然流行，其实男人不过是通过花言巧语来掩盖他们对女性的蔑视罢了。骑士精神在中世纪最为盛行。在骑士和抒情诗人备受推崇的时代，他们把女人看作自己心中的偶像，为女人效劳是他们最高的荣耀。他们为女人而战，以女人的名义赢得胜利。他们写诗赞美女人的美丽、纯洁和可爱。我们在学校里学到这些的时候，几乎所有的女孩都会被如此崇高的女性地位而着迷。她们可能不知道，当一个骑士想要特别款待一位客人时，他所能表达出来的最大的敬意莫过于请他的妻子陪这位客人过夜。妻子是他可以赠予宾客的最宝贵的礼物。没有人意识到这是一种羞辱，也没有人问这位女士是否愿意。

骑士精神总是让女人处于低人一等的地位。如果一个女孩期望她的伴侣为她开门，她可能会觉得自己仅仅是希望能够得到对方的关心和体贴。她还可能会为自己的依赖找到合理的理由，因为她想让男人从中感受到自己的存在感。在现实中，她把自己看作一个需要帮助和保护的对象。男人坚持为女性服务，有时并不像女孩们所相信的那样，仅仅是出于体贴。帮助、关照她们，给她们送礼物，这些事情更多的是为了男人自己的利益，同时也是男人优越性的一种体现。这些在父权制度下发展起来的传统，把男女双方共同带入这个古老的骗局。

虽然现在发展出了一些新手段，但归根结底要的还是那些老把戏。我们现在的社会文化换着法儿地推崇女性，这些方法看起来像是对女性的尊敬，但其中隐藏着对女性的蔑视。女性可以花大量的时间和金钱来把自己打扮得漂漂亮亮的，她们得到了增长才智、修身养性的机会。她们可以免费去参观博物馆、听讲座、参加音乐会和参观展览，而男性则要为她们的这些开销买单。挣钱似乎是男性的职责，但实际上，这恰恰是他们的特权。男性的这种做法并不是支持女性，而是通过金钱来统治她们。许多女孩认为男人对她们的尊重与男人花在她们身上的钱成正比。她们逐渐意识到，她们要求男人给予她们应有的关怀，这往往是通过男人为她们的消费买单来实现的，这些消费包括女性朋友的陪伴、漂亮的容颜、美好的心情以及化妆品等。这就是为什么男人总是喜欢娶外表靓丽、消费水平高的女孩做妻子。他们希望能像展示珠宝首饰一样展示自己的女人，在他们看来，这些女人唯一的用途就是提高自己作为主人的声望。

女性解放的文化意义

女性的自信心日益增强，必定会深刻影响我们的生活方式，其实这种改变正在悄然发生。这就使得男性和女性更难在一起共同生活。目前，由于经济、社会和政局的不稳定，人们普遍缺乏安全感，无论是男性还是女性都会对那些影响到自己声誉的因素非常敏感。女性之间的竞争日益加剧，这使得她们对男性更加不信任；与此同时，男性总是试图限制女性的发展，这让女性难以忍受。在他们眼中，彼此双方更像是敌人而不是伴侣。他们虽然在一起生活，但却缺乏了解。他们不能失去彼此，但也无法友好相处。正如离婚并不能解决婚姻问题一样，结婚也不再是解决性问题的唯一途径。

在当代社会，普遍存在着各种矛盾，例如，阶级矛盾、两代人之间的矛盾、种族和信仰之间的矛盾等，性别冲突只不过是当下众多矛盾中的一种。所有这些矛盾都源于矛盾双方彼此之间的恐惧和不信任。当权者想要维持自己的统治和支配地位，而成百上千万的弱势群体则拒绝压迫，他们内心充满了愤怒与怨恨。在实现人类无差别的平等之前，群体斗争不可能结束。

在人类历史中，我们目前是第一次如此接近男女平等。当然，真正的平等并未完全建立，但这方面的进展却是十分迅速的。自古以来，人们饱受爱情与性问题的折磨，正是因为两性地位的不平等使得男女双方很难实现坚固稳定的平衡关系。在某些文化中，女性占主导地位，而在另一些文化中，男性占主导地位。当占主导地位的性别群体遭受到另一群体的挑战，并且挑战成功时，占主导地位的一方就会转变为顺从的一方。但性别平等从未实现。目前，男女平等的发展趋势是我们当今时代变化的结果。虽然性别平等的发展趋势加剧了两性群体之间的斗争和冲突,但最终的结果几乎已成定局。男性会逐渐失去霸权,而女性同样也将无法再次占据主导地位。两性之间一旦实现这种全新的稳定的平衡关系,人类就会获得历史上从未有过的和谐。到那时,两性关系将不再是一个让人困惑的谜题,多年来,人们围绕着这个主题写诗、赋歌,却一直未试图解开这个谜题。只要男女双方以暴君和仆人的角色生活在一起,那么两性关系就依旧是社会文化中的一个危险因素。作为社会平等的重要工具之一,两性关系将以前所未有的方式重新呈现。我们现在所生活的这个时代正是一个重要的过渡时期。因此,在这个阶段,两性之间的战争具有重要的价值和意义。

第3章

性的概念

性特征的社会基础

众所周知,任何一种性别所扮演的角色都由其所在社会的社会结构决定。然而,当下的社会习俗并没有针对不同性别的人的言行举止分别进行规定。但无论男女,每个人都要建立一套属于自己的行为模式。我们表达"男人气概"和"女人魅力"的方式有很多种。想要成为什么样的人,完全取决于我们自己的选择。

然而,只要我们依旧将"阳刚之气"与"高人一等"画上等号,我们对自身性别角色的认知就不具备客观性。即便如此,大多数人依旧这样认为。即使是最狂热的女权主义者也有可能会认为"真正的男子汉"应该身强体壮、自给自足、勇敢可靠，任何不满足这些要求的男性都可能会表现出一定程度的"女性"特征。"女性化"一词，一般会被通俗地说成"娘娘腔"，暗含了我们对"女性"特征的蔑视。实际上，没人规定责任、工作、对家庭的贡献与支持等具体该由男女哪一方来承担。认为男性更加强大的观念导致了人们总是生出很多奇怪的想法，混淆了他们对自身性别、所应承担的责任以及个人能力局限性的认知。

孩子们在很小的时候，就能够依据自身的性别明确地判断出自己所应扮演的社会角色，但这种认知并不总是正确的。他们很容易受到社会习惯的影响和刺激，这时候的他们，根本还没认识到性在人类情感及生理学等方面的重要意义。一般来说，无论参加何种活动，男孩都会比女孩拥有更多的自由。如果哪个女孩子言行举止表现得像一个男孩，就会被人称为"假小子"，这个词经常被用来说明一个女孩具有明显的男性化特征（当然，和"娘娘腔"相比，"假小子"这个称谓并不具有明显的侮辱性和轻蔑情绪）。大多数时候，帮忙做家务、做饭、做清洁、缝缝补补等事情仍然被看成是女孩子要做的事情，尤其在那些保留着欧洲传统习俗的社会中更是如此。现如今，虽然男人偶尔也会洗碗，但在他们眼中，做这件事仍然是屈尊俯就的事情。这一现象反映出一个普遍存在的趋势，那就是我们很难让欧洲男性参与到更多的家务劳作之中。

许多女孩都认为女性在社会中处于从属地位。她们要么屈从于命运，以女性的方式寻求补偿；要么反抗，回避一切女性特质。前者试图通过培养女性魅力、营造无助感逃避责任，在男性主导的世界中赢得一席之地。简而言之，就是努力成为典型的"淑女"。后者则拒绝女性的一切特征，努力成为极具男性特质的反叛者。她们讨厌女性的外表，厌恶来月经。当然，大部分女孩都不会走向这样的极端。她们可能会屈服于社会的压力，不得不忍受自己的女性外表，但无论她们的外表如何，她们都会在各种场合越来越明显地表露出自己的反抗情绪。她们可能试图证明，作为女性，她们可以和男性一样优秀，甚至能做到更好。她们往往不承认自己站在男性的对立面，也难找到造成自己性别困扰和婚姻问题的真正原因。

异装癖的案例

人们对女性角色的排斥可能会达到一种让人无法想象的极端。某天，一位年轻的小伙子到我这里来咨询。当谈到自己所遭遇的问题时，她透露自己其实是个女孩。这个患者年龄有二十五六岁。她的外表看起来完全就是一名男性，这一点不仅体现在她的着装上，更体现在她明显男性化的说话方式和行为举止上。甚至连她的声音听起来也更像是一个男性的声音。她这次之所以来找我，是因为遇到了一个非常棘手的问题，需要我的帮助。她想在奥地利工作，在这里无论做任何工作都必须出示身份证件，但她的身份证上显示的是女性的名字，就会令人感到十分尴尬和困惑。她现在正在想办法把自己的名字改成一个男性的名字。有一点让我很不理解。她怎么能做到如此明目张胆地穿着男性的衣服走在大街上呢？因为这在当时的美国是明令禁止的行为。后来，她向我出示了一份警察局给她开具的书面许可，并向我解释了其中的缘由。她说，当她身穿着女装走在大街上时，会引起别人异样的关注，因为每个人都认为她是在男扮女装。她走路时完全像个男孩，整体行为举止都很有男子气概，所以警察不得不给她出具这个特别的许可。

我们对她进行了一次体检，结果显示她的第一和第二性征都是正常的：她的乳房发育完全，头发的分布是典型的女性特征，臀部也是如此。她的月经规律。实验分析证明她的腺体功能正常，没有任何能够显示她身体或生理异常的证据。这就说明，她之所以发育异常完全是由其他因素导致的。

她出生在奥地利的农村地区，是家里的第一个孩子。在当地，女孩并不是很受重视。作为农民，家里至少需要一个男孩来继承农场，并在父亲退休时子承父业。因此，她的父母想要一个男孩。两年后，她的弟弟出生了，这对她来说是不幸的。不难想象她对这种情况的反应。她意识到自己的地位岌岌可危，拒绝扮演次要角色。她充分利用弟弟出生的头几年时间，在体力和精神上保持着对弟弟的优势。然而，仅仅让弟弟屈从于她的管束还远远不够。弟弟是男孩,而她只是个女孩。为了赢得这场战斗,她必须克服这个性别障碍。所以她开始努力表现得像个男孩:她只和男孩子们玩,而且表现得比他们所有人都调皮。她是个十足的假小子,但即便是这样也还不够,她喜欢给弟弟穿上女孩子的衣服,而她自己则穿上弟弟的衣服。

她的父母欣赏并鼓励她的这种装扮,周围的人也都觉得她这样很"可爱"。她听到很多人都在夸赞她长得像个男孩,甚至还有人对她说她比弟弟更像个男孩子。因为她的弟弟从小就很顺从、听话、胆子小,而且总是特别依赖比自己能力强的姐姐。这种成效自然鼓励着她继续甚至更努力地扮演假小子。而随着年龄的增长,她越来越适应这个梦寐以求的阳刚角色。她的言行举止、行为习惯完全就是一个男孩子。她甚至还喜欢上了女孩子,喜欢以男人的方式去保护她们。当身体开始发育时,她就开始与自己身上出现的每一处女性特征进行对抗。她讨厌自己的胸部,所以总是穿紧身的衣服,将胸部压平,使它们看起来不是那么显眼。她完全无视自己的月经,不让它妨碍自己的任何体育活动。她从不培养任何女性的品质、特征或技能,总是留着一头男孩风格的短发。

当警察允许她穿男装时,她觉得自己取得了巨大的胜利。但是,很快她又陷入了新的矛盾。现在她需要一个男性的名字。根据奥地利的法律,这件事并不容易实现,但是,由于当局有了第一次被迫让步,所以继续满足她的第二个需求似乎也说得过去了。警察局允许她改成一个中性的名字,但改名之前,警察局要求她必须进行一次心理咨询。这个女孩非常激动。我试着说服她,尽管她达成了目标,但她仍在打一场必败的仗。无论她如何巧妙地欺骗了自己和他人,她始终还是一个女人。除非她能接受自己的性别,否则她必然会陷入更大的困境。但她不接受任何建议或帮助,坚决拒绝讨论自己的心理问题。

令我惊讶的是,大约一年后她又出现了。一开始,我以为她这次来是寻求精神治疗的,却没想到,她到这儿来,只是为了寻求另一种帮助。她继续在与这个让她低人一等的社会作斗争。这一次,她喜欢上了一个女孩,她希望我能设法让她和这个女孩在一起。当然,这个没人能做到,之后我再也没有见过她。

对"优越"性别的模仿

当两性之间已有的平衡关系被打破,之前受压制的性别就有机会提升地位,弱势性别就会模仿优越性别的言行举止和行为习惯。我们曾在一些原始部落看到过类似的情况。大概是在母系社会制度的衰落时期,人们发现一种奇怪的行为现象,经常会被误解为父代母育。孩子出生后,父亲躺在床上照看孩子睡觉,一躺就是好几天,而母亲则要承担所有的家务，负责照顾父亲和孩子。这个男人似乎在试图模仿女性角色。在女性占主导地位的地区，男人似乎对一切女性化的事物都特别向往。人们不禁会问：若身体条件允许，那个时期的男性是否也会尝试生孩子？

同样的情况在当今女性身上也有发生。在一些地方，女性比男性更热衷于抽烟，男性不得不靠使用烟斗来区分彼此。在美国西进运动时期，女性也有抽烟斗的习惯。这似乎是美国社会变革和早期妇女解放的象征，此时女性被赋予前所未有的责任和权利。实际上，现在和过去相比，男女之间实现了更多的平等。最初，女孩子也许根本不喜欢抽烟，但是她们内心却有着对男子气概的向往，正是内心的这种渴望让她们产生了抽烟的冲动，就像小孩子渴望长成大人一样，她们渴望通过抽烟的行为来获得阳刚之气。在我们现在的这个过渡时期，类似的行为还有很多，例如，女孩子还会模仿男性的穿衣和发型。所有这些模仿都不意味着真正的平等，只能说明女性在试图强调她们地位的变化。

两性的功能

每个人都会对自己的性别角色有一定的认知，如何看待自己的性别，对未来生活的方方面面都会产生影响。例如，女性对家务劳动的态度就能够用来检验她们对自己性别角色的态度。她们是否喜欢自己的性别，我们是能够观察出来的，无论她们是否喜欢干家务活。我们总是能听到各种各样的理由，这些理由听起来似乎都有一定的道理。比起其他工作来，喜欢做家务的女性越来越少。许多女性憎恨家庭主妇这个所谓的"职业"，因为在她们看来，当家庭主妇总是低人一等或有辱人格，她们总是把各种关于女性的消极评价与这个身份联想到一起。也正是因为这些消极的联想，让很多男人都不愿意做家务。几百年来，家务活一直都是女性在承担。因此，要想让人们客观地看待这项工作，恐怕还需要很长一段时间。合理分配家务劳动有助于夫妻之间的和谐相处。

在女性被完全压制的历史时期，女性在一定程度上被排斥在艺术创作之外，女演员和女舞者在社会上被贬低为不体面的人。而现如今，很多女性在找工作时都把兴趣重点放在艺术、音乐、戏剧、舞蹈上，以至于艺术几乎成了女性的特权。然而，参与艺术活动与性别无关，它不是任何人的特权。

许多男性将自己的艺术爱好隐藏起来，认为这是女性的特权。对钢琴感兴趣的男孩常被称为娘娘腔。女性经常发现，说服丈夫和自己一起读书、参加讲座、听音乐会、参观博物馆或是参观展览等，是非常困难的。事实上，一些女性并没有诚心诚意地去邀请她们的丈夫，因为她们觉得自己跟丈夫有着不同的兴趣爱好是挺值得自豪的一件事情。男性也是如此，他们觉得花点小钱就能让自己一直保持主导地位也是挺不错的。

男性的主要工作就是赚钱，这似乎是对男性角色的普遍认知，但这种认知是很危险的，它让权力和金钱完全掌控在男性手中。同时，也阻碍了男性对社会文化和人文知识的欣赏与了解，殊不知这些东西有助于他们经济能力的提升。一旦人们肆无忌惮地滥用这种权利，男性的文化涵养就无法得到提升，如果女性继续沉迷于这种唾手可得的好处，她们就会越来越依赖男性。

社会责任的划分与人们的生理因素没有任何关系，它们不分男女，而且社会工作也没有高低贵贱之分，它们都是人类应该承担的责任和义务。然而，人们真正在进行社会工作分配的时候，往往会按照习俗或惯例，根据性别的不同进行分配，这些工作无论是令人愉快还是遭人厌恶，都取决于履行这些职责的性别所处的社会地位。就维系婚姻生活而言，做家务和挣钱同等重要。如果一个人发自内心地信奉平等，他会愿意做任何他觉得当前最有必要和最有意义的事，而不会太在意所谓的性别和角色。尽管这些说法合情合理，但几乎没人愿意践行性别平等。仅仅靠性别的不同去区分工作职责，是不可能解决当前存在的两性问题的。这些做法可能会暂时缓解两性之间的竞争，但阻碍了两性之间平等合作关系的建立。

性与社会秩序

男女双方本来可以真诚相待,然而,一些明显不健康的性欲让他们很可能把对方当成了自己的性目标。这样一来,我们就倾向于把自己看成野性暴力下的无辜受害者。而性似乎就成了一种危险的存在,威胁着我们的文化和社会关系。我们很难让人们认识到其实性欲的产生从未想要侵犯所谓的受害者的利益。事实上,很多时候,受害者的意图都是反社会的,并且通常针对的都是异性,但性本身并不是威胁,它只是一种工具。

那我们为什么还总是对性感到如此恐惧,如此轻易地就会受到它的困扰呢?对于小一点的孩子来说,性并不会造成他们的困扰,这是因为他们还没有认识到性的存在吗?自由地表达性欲是否就意味着下流无礼?仔细观察儿童时期的性发展和性意识的形成,能够帮助我们准确理解羞耻感和罪恶感的形成机制,这与我们对某地的社会风俗和社会习惯进行社会学分析的方法是一样的。

弗洛伊德认为,人类社会想要维持社会生活秩序,就必须对性行为进行严格的限制,只有通过人为地抑制某些性倾向,限制自由的性表达,才能规范人类的社会行为。[1]另一

---

[1] Sigmund Freud, Das Unhehagen in der Kulut. Intemationaler Psychoanalytischer Verlag, Wien, 1930.

些人则认为，目前的性放纵是万恶之源：如果人们更具道德意识，很多的社会乱象都能得到解决。然而，我们也明白，有些地方的社会环境虽然受到了严格的限制，但人们仍处于极度混乱和不安的状态；而在另一些社会环境中，人们可以坦诚、公开地表达性却很少发生摩擦，社会生活井然有序。所以，真正威胁社会秩序的并不是性本身。严格限制性行为的目的其实并不是为了拯救社会，而是为了对某个性别进行压制，使一半的社会成员都失去了性自由的权利（见第25页）。占主动地位的性别总会想方设法地去违反这些让他们感到不便的条条框框。谦虚和忠贞都是强加给那些处于被压制地位的性别的。

但这种强制行为无论对哪种性别都有影响，因为作为母亲，女性也会把自己的胆小、羞怯灌输给儿子，而男性也必须遵守某些限制条件，为了被妻子、母亲和姐妹们所接受，他们必须尊重女性的感受。这种强加的社会限制将直接导致一系列心理问题的产生，例如羞耻心和罪恶感等。这种感觉会逐渐灌输给每位社会成员，以维持该地区特有的社会习俗。

性与宗教

对性欲的压制和蔑视往往来自宗教的教育。然而，这些宗教的教义其实仅仅代表了宗教创立时期的社会情况。我们必须认识到，宗教本身并不反对纵欲。不同的宗教对待性行为的规定有很大的区别。比如，有的宗教的教义中规定允许性行为，有的宗教则禁止性行为。又如，一方面我们发现一些古希腊部落的宗教中存在性交易的现象，另一方面我们还发现一些宗教要求保持独身与贞洁。基督教成立的时期恰逢人权平等的思想刚刚萌芽，但由于当时政治、经济、社会条件的限制，人权平等的理念未能得以实现。此时，社会还没有实现平等，因此女性必然会被剥削和压迫。社会平等的理念头一次对男性提出了保持贞洁的要求，这些要求以往都是单独强加给女性的。然而，即便如此，教会仍然无法完全阻止某些占主导地位的男性去利用那些社会曾赋予他们的特权。

因此，目前对道德要求的放松，并不是对宗教的攻击，而是对男性优越感的抨击。那些关于爱情自由、婚姻自由、求婚自由、离婚自由等的言论并不是反社会、反宗教的言论，而是女性解放的一种表现。

孩子对异性的看法

一个人对自身性别的态度与他对异性的态度有很大关系，两种态度都决定了个体的行为。孩子在幼儿时期就已经形成了异性的概念。孩子对异性产生的第一次情绪反应往往对他有着深远的影响。一般来说，父母为孩子树立了第一个男女一起生活的榜样。小孩子因为理解能力有限,他不知道,家家都有一本难念的经,每个家庭的情况都有所不同。在他看来,世界上每个家庭都和自己家的情况一样。因此,孩子会认为父母之间的关系是男女之间唯一可能存在的关系。就这样,他们形成了自己对婚姻生活的认识。父母的行为影响了孩子对婚姻的态度,但他们可能并没有意识到这一点。以父母为代表的异性关系,往往会对孩子未来的性生活有着决定性的影响。孩子如果有异性的兄弟姐妹,那他们彼此之间也会有类似的影响。

如果儿子与母亲太过亲密,或者女儿与父亲太过亲密,他们之间的这种亲子关系可能会影响孩子以后与其他异性相处。如果母亲过分地宠爱儿子,甚至骄纵、溺爱他,他便无法想象以后哪一个女性会比母亲对他还好。这种怀疑常常会妨碍他谈恋爱,甚至会影响他的婚姻。婚姻中双方需要互谅互让,而他还没有做好准备和一名女性奔赴幸福生活。父女之间关系太过亲密往往也会导致女儿出现同样的问题。如果女儿非常迷恋她的父亲,她可能期望丈夫给予她同样的理解、耐心、指引和保护,她很可能会忘记,与她同龄的男性中没有一个能像父亲一样能干,尤其是在如今这个时代,女孩享有和男孩一样接受教育和工作的机会。

这个问题在我们这个时代似乎特别普遍。女性一方面抗议男女不平等,另一方面她们又希望丈夫能比她们厉害。她们仍然坚信,男性必须比女性更强大、更可靠。但是有几个男性能比父亲对她还好呢？她几乎找不到这样的男性，所以她一定会失望。即使最终找到了，她也不会接受。因为她又会因为他太优秀而厌恶他的优越性，她甚至可能会离开他，或者挑他的错。这样，没多久，她可能就又会瞧不起他了。

孩子对性的恐惧

我们的孩子生长在一个价值观与传统习俗摇摇欲坠的混沌世界。孩子能敏锐地察觉到我们内心的恐惧和压抑。他们见识过男女之间的争执，见识过由"性欲"引发的怒火，因此，他们对性的认识就会发生扭曲。大家总认为男性必须更优秀，让男性认为"变得比女性更加优秀"是自己的责任，而男性又承担不起这种责任。所以这种观念一方面会让男性感到非常恐惧，另一方面又让女性努力反抗自己的弱势地位，变得独立自强。男性与女性都想要变得强势，因为在他们看来，弱势性别会受到各种威胁，比如社会羞辱、压迫和堕落。孩子对性的认识方式会逐渐在孩子心中形成一种心理机制，加强了他们对"两性关系是危险的"这一认识。早在孩子们体验自己的生理功能之前，他们就已经听说过做爱、性关系以及发生性关系之后可能产生的结果。他们听到的内容很少是愉快的。大人以为孩子不懂，就经常在小孩子面前口无遮拦。然而，即使孩子不能理解话语的真正含义，他也能感觉到说话者的情绪。因此，孩子们知道了怀孕是一件危险的事情，知道了性行为是羞耻的。他们听到的大部分内容，都把性行为与痛苦、耻辱、危险，甚至灾难联系在一起。尤其是女孩，她们很早就意识到，性行为对女性的影响更大，甚至可能发生危险。难怪女性比男性更倾向于把性行为看作是一种野蛮凶残、毫无人性、禽兽一般的行为。

性启蒙

人们用各种方式将"性知识"传递给孩子对他们来说至关重要，这会严重影响到孩子对这个问题的总体看法。孩子性启蒙的过程通常都会伴随着一些精神打击。性发育本来是一个自然的生理过程，但因为父母不愿意对孩子进行性教育，从而阻碍了孩子的性启蒙。不幸的是，孩子的父母往往也是在一个性教育受约束的环境中长大的。对于孩子提出的一些问题他们往往羞于启齿。他们要么不予回答，要么躲闪逃避，有的父母甚至在听到这样的话题后还会严厉地苛责孩子。这样，孩子就会认为要么是他感兴趣的这件事情有问题，要么是他自己有问题。许多听话的孩子，尤其是女孩子，从来不对这个话题表现出明显的兴趣，她们不敢提及这个话题，也避免接触任何与这个"危险"的问题相关的事情，这对她们的性启蒙是不利的，如果强迫她们谈论有关性的话题，反而会让她们感到非常震惊。如果情况乐观，原本兴趣受挫的孩子会经历一段明显的潜伏期,在一段时间里,他们会对有关性的问题丧失兴趣,但过段时间,他们会越来越想知道问题的答案。如果他们非常幸运,能够找到老师或其他负责的大人寻求答案,这些人可能会以一种正确的方式、轻松的口吻简单地告诉孩子一些必要的信息。但是,一般来说,孩子们大都是从一些不负责任的大人那里听到一些龌龊的言语,有些孩子可能是从色情文学读物中看到一些天花乱坠的描述,还有一些孩子可能会和一知半解的同学一起危言耸听地进行讨论。

如果父母愿意对孩子进行性教育,这个问题就迎刃而解了。当孩子问某个大人有关性的问题时,他必须:第一,不能表现出尴尬和厌恶。孩子有权了解真相,即使在他们很小的时候也是如此。如果孩子问:"闪电是从哪里来的?"父母不会反感。但如果孩子问:"孩子是从哪里来的?"父母的反应就截然不同了。第二,正确地回答孩子提出的每一个问题,但绝不能超出问题的覆盖范围。孩子提出这个问题时的语气和措辞准确地表达了他们的兴趣和理解能力。因此,父母应该仔细聆听问题的字面意思。父母经常忽视这一点,所以才会感到尴尬。很多父母根本不去聆听孩子提出的问题,总是去猜想孩子的下一个问题是什么,但孩子通常不会再问了,或者,至少在几个月或几年后才会继续提出问题。当孩子第一次问:"孩子是从哪里来的?" 正确的答案应该是:"从妈妈那儿来的。"这个回答其实一点都不尴尬,只有成年人才会立即产生那些不好的联想。但是，孩子得到了答案就会很满足。过了很久以后，他才可能会继续问："孩子是怎么跑到妈妈身体里的？"答案也很简单："从爸爸那里过去的。"同样，因为孩子对生理机制不感兴趣，所以这个答案也不会让孩子产生复杂的想法。很多年以后，即便他们再次追问："孩子是怎么从爸爸那里跑到妈妈那里的呢？"父母依旧可以从爱情和婚姻的角度来回答这个问题，这样就可以满足孩子的好奇心了。

因此，善于理解孩子、善于调控情绪的父母可以引导孩子走向成熟，如果阅读了大量的科普书都不能满足孩子的好奇心，那么，父母还可以向教师或医生学习更多的专业知识。

孩子提问的时候，父母只需要注意一件事。那就是，父母必须确保孩子提出这些问题是因为他们真的感兴趣，而不是为了获得关注。孩子如果对提出的问题不感兴趣，他的语速通常会较快，且总是重复相同的话，只要父母掌握一些育儿方法，就能够很容易地辨别孩子是不是真的对某个话题感兴趣。

孩子早期对性的探索

除了上面提到的问题，还有一些其他的因素会阻碍孩子对性的认识，尤其是对男孩子的影响会更大。孩子往往把自己的身体看作是陌生世界的一部分，他们会非常努力地想要了解自己的身体。很多父母在发现孩子有这方面的意识时，往往会过度地关注，并试图阻止孩子触碰自己的性器官，他们阻止孩子的方式通常非常笨拙。其实父母们不必大惊小怪，孩子对身体的初次探索没什么大不了，反而是父母为了阻止孩子一而再，再而三地恐吓他们，才真的会对孩子造成不好的影响。因为我们知道，孩子早期出现手淫不是由于孩子有这方面的倾向，而是因为父母强行干涉孩子这些健康无害、无关紧要的行为所造成的。孩子们大多数所谓的坏习惯都是因为父母或保姆无意间促使他们养成的。他们不知道正常的孩子往往越是家长强行制止的事情他们就越想要做。因此，父母干涉孩子触摸自己的身体，这样做非但不能阻止孩子手淫的行为，反而会导致孩子手淫的行为出现得更加频繁。同时，父母还给孩子灌输了一种心理矛盾，如果孩子处于青春期，那么，这种心理矛盾比任何的身体问题都要危险。父母给孩子灌输了这样一种观念，让孩子认为性器官是不干净的、是禁忌，因此，孩子就会把性行为与罪恶联系起来，这种观念实际上会毒害孩子的心灵。

孩子的第一次性体验也会影响他对性行为的态度。这种性体验其实很早就出现了，只是随着年龄的增长，孩子很可能会忘记。所有的孩子都体验过性兴奋，只是有的孩子印象清晰，有的印象模糊罢了。有些大人喜欢亲吻孩子的嘴，却没想到这样的动作可能也是一种性刺激。任何年龄的孩子都会感受到性刺激。一些游戏、体操动作，或是肢体运动，都可能会产生性刺激。恐惧感也常常会产生性刺激。尽管孩子可能会从中体会到一定程度的舒适与满足,但他们完全无法理解这种体验到底是什么。如果父母对孩子有足够的信心,他们就能够帮助孩子减轻这种神秘的体验给他们带来的危害。然而,正是因为父母之前在孩子问及与性相关的问题时对他们批评、呵斥,在孩子触碰性器官时对他们干预、谴责,所以孩子再也不愿向他们提及关于性方面的问题了。如果父母可以和孩子轻松地讨论有关性的话题,避免表现出任何兴奋或尴尬的情绪,就可以消除孩子的困惑。轻松自由的谈话可以避免冲突或失望情绪的产生。

一位女士用她的亲身经历向我们说明:人们在童年时期的一些经历,很可能会对他们成年后正常的性生活产生巨大的影响。这位女士在婚姻中永远无法得到性的满足。通过我们的交谈,她意识到了困扰她的真正原因。当她还是个小女孩的时候,有一次,在荡秋千时,她的性器官体验到了一种特别奇怪的愉悦感。之后很长一段时间内,她一荡秋千就会产生这种感觉。后来,她期望在与爱人的性关系中也能体验到同样兴奋的感觉,但遗憾的是这种感觉一直没有再出现过。就这样,她换了好几个男朋友。当然,这并不是她找不到理想伴侣的真正原因,主要问题在于这个女孩子没有树立正确的爱情观。她苦苦寻觅的并不是一个真正爱她的人,而是一种特殊的性刺激。她的第一次性体验,让她对性兴奋产生了完全错误的认知。现在,她想要得到的是这种特殊的乐趣，而不是想要和某个男人相濡以沫、共同生活。很显然，无论是恋爱还是婚姻，她寻觅的并不是爱情。

爱的训练

早期的性兴奋、性迷恋、性爱抚和性激情对我们的个人情感表达和婚后性生活有着重要的影响。人类的爱复杂难懂，性生活只是其中的一部分，然而仅仅就这一部分而言，问题也并没有我们想的那么简单，因为每个人的情况都有所不同。因此，我们要像学习走路和说话一样，好好地去学习如何去爱，认真地培养我们的生活和行为习惯。早期的性兴奋影响了我们未来的性生活，任何新的实践和经历都有可能对此造成影响。我们现在的爱情模式往往都是从以往的经验中反复训练发展而来的。

令人遗憾的是，很多人由于在童年经历了太多负面的事情，从而影响到他们现如今两性关系的和谐发展。现在的年轻人几乎没什么机会获得对美好爱情的认知，他们也很难在生活中寻找到爱情。即使是我们慈爱的母亲也经常会表现得非常自私、苛刻、占有欲强，所以即便是母亲的爱也没有办法被定义为真爱。对性和爱的第一印象往往具有决定性作用，然而我们中有太多人在成长过程中对爱产生了错误的期望。发生在别人身上的"爱情故事"和夸张的情色电影并不能弥补婚姻的不幸。 相反，这些故事和电影扭曲了现实，用色情、美女和性爱的画面让我们对性生活充满了期待。然而，现实生活却永远无法达到我们的预期。这些对性爱的幻想，让多少人对爱情大失所望、厌恶至极！我们似乎陷入了一个可怕的恶性循环：我们在各种各样的错误观念中长大，结婚之后，在养育自己的孩子时，我们自然无法对孩子进行更好的性教育。

父母很难意识到，他们自身对性行为的态度会对孩子产生极大的影响。孩子要么接受父母的观点，要么反抗并形成与之相反的观点和态度。让父母没想到的是，孩子可能在很小的时候就形成了对爱情的认知。在他们看来，爱是痛苦的源头，爱能让人获得短暂的快乐和满足，爱情和婚姻是人类相互陪伴的基础。他会发现，和谐的两性关系能让彼此双方相互帮助、共同进步；他还会明白，爱不仅仅是接受，还需要付出。

青春期

孩子在成长过程中形成的对性和自我身体机能的认知，决定了他长大以后对待爱情和婚姻的方式。错误的认知会影响他对伴侣的选择，同时还会引发他与另一半之间的冲突，最终影响他的婚姻幸福。在青春期，孩子在这方面存在的任何问题和缺陷都会变得非常明显。在当今时代，孩子在成长中往往会遇到比以往更多的麻烦。现在的父母，总是对孩子过度保护，他们希望孩子一直依赖自己。一方面，他们越来越缺乏信心，不相信孩子能照顾好自己；另一方面，他们热衷于追名逐利，害怕失去对孩子的控制，不甘心仅仅成为孩子的朋友。因此，他们对孩子表现出的任何独立意识都不屑一顾。

处于青春期的孩子，一旦与父母发生争执便会显得尤其不幸，因为在这一时期，孩子身体的发育会让他感到特别紧张与害怕。当孩子性腺发育成熟时，他们会有一种完全不一样的感觉，就好像进入了一个全新的世界。一旦青春期的孩子意识到了自己的性特征，即便是对那些认识了很长时间的人，也可能会突然觉得尴尬起来。男孩和女孩的表现不太一样。随着孩子的成长，一切事物都在发生变化。他们的动作会变得非常奇怪，四肢和身体的发育会让他们感到十分不安。因此，他们会表现得特别暴躁，情绪也很不稳定。他们最终对自身性别的认知以及对异性的情感态度，是在自身不断的迷茫与反复实验的状态下逐渐建立并稳定下来的。

我们有责任帮助这些身处困境的年轻人摆脱烦恼。在他们人生中最困难的时期，他们应该得到我们的帮助。人际关系发生变化的时候，人们会感到特别迷茫，要想度过这段迷茫期，最重要的就是友谊。男女同校可以让孩子不那么害怕，甚至避免这种危机。孩子与异性一起参与活动，能更深入地了解彼此，因为他们很容易把异性当成好朋友。这时，性别差异就变得不那么重要了，这有助于促进他们未来与异性相处。

性的三大功能

我们必须知道,人类的性有多种功能。

第一,性是生育的基础。性是一种本能,每一个物种都因此得以生存繁衍。许多宗教和国家认为性行为的唯一目的就是繁衍后代,所以他们明令禁止出现婚外性行为,禁止使用各种避孕手段。

第二,性可以满足个人需要,可以让人获得快感。一旦人类学会了控制生理冲动,性生活就不再只是为了传宗接代。如今,传宗接代与满足生理需求二者之间并没有直接的联系,真正为了怀孕而发生的性行为少之又少。而这种所谓的快感却是一种相当复杂的感受,它与许多感觉交织在一起,其中有的完全不同,有的彼此矛盾。有的快感可以很肤浅,只需要时不时获得满足即可;有的快感也可能很深刻,可以影响人们性格的形成。追求哪一种快感决定了性在不同人的生活中扮演什么角色。有些人认为,人生在世须尽欢。对这些人来说,他们能够从性生活中获得源源不断的快感,又或许,只有性生活才能让他们感受到快乐。如韦克斯伯格所说,他们渴望这种享乐主义式的快乐,不放过每一个可以纵情享乐的机会,几乎不考虑代价和后果。[1]享乐主义者

---

[1] Erwin Wexberg. Cf. p. 16.

通常对世界感到失望、愤世嫉俗。因此，他们只能看到自己眼前的生活。他们不相信自己拥有未来，不相信自己会获得幸福。所以，他们也不在乎以后会发生什么。对他们来说，他们的痛苦必须用快乐来补偿。还有一些人，利用性来获得权力、声望、社会地位以及个人优越感，他们也属于享乐主义者。

当然，性还有第三种功能，那就是交流情感。它可以把两个人联系在一起，比任何联系都更加紧密。通过性爱，两个人可以在身体和精神上融为一体。当然，性既可以让两个人交流情感，也能让彼此感受到快乐。但这与前面描述的性快感完全不同。这种满足感更加深刻、更加持久。交流情感意味着自我奉献，而享乐主义更多的是利用他人。享乐主义追求的是各种各样的刺激，大都出于一时冲动，而交流情感追求的是稳稳的幸福。

性的这三种功能都可以在爱情中找到。然而，第一个功能和第三个功能需要付出一定的时间，而第二个功能——寻求快感，很可能会忽视人本身的价值以及社会价值。

在我们这个时代，性在很大程度上似乎已经不再只是为了传宗接代，但它的第三个功能——交流情感似乎也并不那么容易找到。因此，大多数时候，性只是用于享乐，这就导致人们不再愿意去追求更深刻的满足、持久的爱情、忠诚的婚姻和无私的奉献。

第4章

伴侣的选择

对于伴侣的选择,我们的爱情观和婚姻观起到了决定性的作用。在做出选择的那一刻,我们把自己所想的、所期待的、所恐惧的一切都付诸行动。选择一个错误的伴侣,可能会让我们开始一段不幸的婚姻,也可能会让我们结束对异性的错误认知。许多人不打算迈出任何一步,选择还是不选择,这是一个永远困扰着他们的问题。

选择这个行为本身十分重要,在心理学和科学上都具有重要的意义。它就像一道闪电,让我们突然可以看清整个局势。闪电的光芒有多耀眼,就说明它所蕴含的力量有多强,但"闪电"这一比喻更能说明选择的过程。

无意识的人际交往

当我们决定选择与某个人交往的时候，就意味着我们结束了双方在这最后一步之前的一系列互动。两个初次见面的人很快就开始互相交流对彼此的各种印象、看法和期望，并会在交往过程中对彼此有一定的了解，而他们中的任何一方都没有意识到自己参与了这个人际交往的过程。他们用眼神进行交流，表达对彼此的钦佩、怀疑和不屑的情绪。双手细微的动作、面部表情、无关紧要的话语、声音的音调、走路的步态以及整个外表等，都能展现出一个人的个性以及他对另一个人的态度。尽管看起来好像是其中一个人开始了这一交往过程，因此他应该对这个过程负责，但实际上，无论两个人之间发生了什么，都是相互的，都是由双方共同推动的。认为是某一方开始了交往过程的结论是错误的，这是由于自身的观察不足导致的。虽然现在我们知道闪电是从两极同时快速放电产生的结果，但我们还是会错看成闪电是从一个方向产生的。

我们对彼此的了解远比我们意识到的要多得多。我们的主观印象只是我们实际认知中的一小部分，而我们的实际认知是基于我们过去所谓的直觉、预感，或者所谓的第六感的。用眼睛做类比，你可能就会明白这一机制：视网膜是眼组织的一部分，人的视觉由其产生，但实际上只有视网膜中央的一小部分可以清晰地分辨物体的形状和颜色，而视网膜周围的绝大部分褶皱组织只能模糊地确定物体的位置和运动状态。因此，相比通过我们敏锐的注意力所能聚焦的画面，我们的眼睛实际能够覆盖的画面更宽广、更丰富、更深刻。其他的感官也是如此，当我们用耳朵识别一个音调时，我们并没有意识到它的音质来自我们无法直接感知的泛音。这个例子对于我们了解、接受或拒绝一个人十分必要，因为所有这些判断都是建立在一些连我们自己都没有意识到、观察到的认知的基础上的。如果我们没能认识到在伴侣的选择过程中所涉及的这些心理机制，我们就无法领悟其中所涉及的根本问题。

带有私人欲望的交往

在选择伴侣的过程中，一个人对未来伴侣的目标和期望就像指南针一样指引着他的选择方向。他会不由自主地只对那些符合自身目标的对象做出反应，眼里只看得到那些能够满足他期望的人。一个想结婚的女孩总是会选择一个能够满足她各种要求的男人。然而，她的要求不一定局限于美国女孩从小被教导的要从她未来的丈夫那里获得的一般性要求。尽管这些女孩对婚姻的期待各有不同，有的女孩是为了寻求一生的伴侣，有的女孩追求社会地位的提高、经济状况的改善或者一定程度的经济保障，还有的女孩是为了寻求乐趣和刺激，但她们都想要自己的另一半具备合作、理解、体贴、投入和忠诚的品质。然而，她们之中很少有人会选择一个能够同时具备这些品质的人作为她们的丈夫。

而且她们的选择从来都不是偶然的。深层的个人需求影响着一个人的最终决定。尽管这听起来让人难以置信，但实际上，每个人从他的伴侣那里得到的都只是他在一开始无意识状态下所期望获得的待遇。当我们突然或逐渐接受一个人作为我们的理想伴侣时，我们所得到的满足不是常规意义上的需求。一旦我们遇到这样一个人，他的个性能够让我们有机会来重新认识自己，我们就很容易被他吸引。他与我们有着相同的人生观，唤起了我们的人生价值，让我们能够继续童年时期就已经开始了的人生方向。我们甚至还会无意识地唤醒和刺激这个人做出符合我们期望和需要的行为。在与其他人交往的过程中，同一个人的行为可能表现得完全不同。

过去影响现在

有一个因素常常影响着我们对伴侣的选择，那就是这个人与我们曾经喜欢的对象有相似之处。他们可能在外貌特征或行为习惯上非常相似，也有可能是在性格特征上非常相似。这点尤为重要，因为这些特征有望帮助你们重新建立起一段已经熟悉的两性关系。一个人与异性先前的交往经历会影响到他结交新朋友时的态度。先前的经历对他印象越深刻，对建立新关系的影响就越大。这些先前的经历对他的影响程度，不仅可以通过先前引起的各种愉快或不安情绪的强度和持续时间来衡量，还可以通过它们对我们生活观的影响来衡量。这就解释了，为什么早期的童年经历，即便是相当随意的、与强烈的情感无关的经历，也常常会影响我们对伴侣的选择。这些经历在我们人生计划中扮演了重要的角色，而且后面任何关系都很难使其发生改变。一个从小娇生惯养、特别依赖他人的男人，在他的一生中，可能会对那个包容、娇惯他的人特别情有独钟。他被娇惯得越厉害，被娇惯得越早，持续的时间越长，他后来选择的伴侣就越可能像那个娇惯他的女人。通常情况下，这个娇惯他的女人会是他的母亲或姐姐。这种先前的经历往往决定了一个人在面对异性时的品位。

个人品位

我们现在对爱情的品位，往往受到过去那些使我们产生欲望的异性的影响。我们现在对待爱情的态度，可能是积极的，也可能是退缩的；可能是勇敢的，也可能是胆怯的，甚至可能会时不时地发生改变。在根据个人需求和生活现状做出决定时，我们随时随地都会受到过去经历的影响。

我们的个人偏好同样也是我们内心的想法和愿望的反应，这些偏好不仅受到个人经验的影响，也受到整个环境的影响。个人品位不仅是个人期望的表现,也表现出他所在群体的期望。那些被认为是理想的伴侣形象,是整个社会群体依据想象力创造出来的理想形象。这些理想形象会随着社会条件的变化而变化。女性打扮、服饰,甚至她们的身材,都受到了社会条件和女性地位的影响,就像所有影响社会生活的大小事件一样。爆发战争、经济繁荣和社会萧条等都会迅速反映到女性的服装风格上。令人惊讶的是,女性社会地位的微妙变化竟然在时装上体现得如此迅速和准确。女性的发型以及裙子长短的变化、外形和身材的强调或修饰等,都是对这些变化的反映。女性通过使自己的外表更男性化或女性化,不仅能够改变男性对异性的品位,还表达了女性对男性观点的评价。[1]人们往往没有意识到,当某位艺术家大受欢迎,成功地影响了无数人的情趣品位时,恰恰表明了这位艺术家意识到了普遍的社会趋势,并成为社会潮流的代表。一般来说,电影明星和演员在代表大众期望、影响群众审美等方面起着重要的作用。人们很难把大众需求与那些权威人物的贡献区分开。权威影响和大众需求可能是相互依存的。然而,当代社会产生了一个新的趋势,令人百思不得其解,即大家普遍希望选择一个年长的男人或女人作为伴侣,这一现象值得进一步关注与分析。首先,现今社会更多的男人小时

---

[1]女性和男性特征的混乱结合是美国时尚的特点。在美国社会,女性的解放与女性的压迫并存,这在其他任何地方都是很少见的。女性要么模仿男性模式,要么通过暴露身材来突出极端的女性气质。

候都是被娇生惯养的。其次，男性地位的降低使他们更有可能拒绝承担一个优秀男人理应承担的责任，转而寻求一个像自己母亲那样的女人做自己的伴侣。

另外，女孩子受到过去的家庭文化的影响，仍然渴望找到一个优秀的男人，她曾经在自己父亲的身上发现过这样的优秀品质，但在她同龄的男人中再也找不到了。因此，她往往只能寻找一个年长而且经验更丰富、更成熟的伴侣，给予她父亲般的关怀和保护，而这样的男人在竞争更为激烈的同龄人中是找不到的。对于年长的人来说，他们更愿意承担照顾小女生的责任，以换取他们优越的满足感。他们丰富的经验使他们更容易保持自己的优势，而不会引起伴侣的反感。选择一个比自己大很多或小很多的伴侣可能代表着一种寻找幸福婚姻的积极举措，或者是追求廉价成功背后的一种困苦与挣扎。最终结果如何，取决于自己的态度——到底是勇敢地面对还是胆小地逃避。

美的意义

美的意义与个人品位密切相关。艺术家们可能会通过黄金分割比例来客观地判断一件事物是否美丽，但一般人对美的判断还是相当主观的。我们喜欢美的东西，所有让我们觉得赏心悦目的事物我们都喜欢。个人品位决定了事物的美丑，尤其是在性爱方面更是如此。女性的阴柔之美与男性的力量之美相得益彰，这些都是择偶的决定性因素。但为什么我们会做出这样的选择呢？过去，人们认为，这两个因素代表着身体健康，而健康对于生殖繁衍是头等大事，这些特质看起来能够为婚姻提供坚实的基础。然而，这些观点并不能解释为什么我们把美丽当作女性的特权，而把力量当作男性的专属。

我们把这些特质看作审美的标准，而这恰恰反映了我们的父权思维。实际上，健康并不是美丽和力量受到推崇的原因，病态美在色情方面的吸引力并不逊色，肌肉往往隐藏着退化的身体和腐朽的思想。事实上，在父权社会中，美丽和力量是一种社会价值观。女性必须是"美丽的"，因为她以自己的外貌为代价，吸引了那些精挑细选的男性的眼球。之后，男性会骄傲地展示自己妻子的美貌，并夸耀自己强大的征服力量，激起其他男性的嫉妒。对于男性来说，他以征服的力量给他的伴侣留下了深刻的印象，这种力量证明了他能够保护另一半，并能支配其他人。一个外貌俊美的男人看起来总是柔柔弱弱的，这是因为他让自己的外表更女性化，而一个肌肉发达的女人则会看起来很阳刚。美丽和力量因为有了这样的社会含义而具有了性吸引力，即现在所说的"性感"。当前两性关系的社会变化会使这些旧有的价值观随之发生变化。女性的美丽可能不再是一种社会资产，更多地是根据个人偏好来评判，甚至可能变得无足轻重。

"性感"一词的含义就体现了这种变化。虽然性感表面上看起来是生理特性,但它越来越多地成为一种心理和情感过程的表达,而不是身体素质的表达。随着单纯美丽的吸引力逐渐减弱,这一点变得更加明显。那么性感和美丽到底有什么区别呢?美丽引起男人的赞美,而性感会引起男人的兴奋。具有性感魅力的女孩有意让人兴奋,无论她是否有这方面的倾向,她知道自己一定能成功。事实上,对于女孩子来说,缺乏外表上的吸引力并不会成为障碍,因为美丽只不过是少数人碰巧拥有的长处而已。每个女性都可以展现出自己的性感魅力,只要她对使用性爱征服男人感兴趣,她就能够发现自己同样拥有让男人兴奋的能力。许多相貌平平的女性在受到意外的关注和爱慕后会突然变得有吸引力,并由此改变对自己的认知。男人的性感魅力不需要"战争的粉饰",也不需要通过揭露隐藏的诱惑来吸引女性或使其兴奋,但它表达了与女性同样的征服异性的欲望与必胜的决心。

尽管性感备受人们的追捧,但是人们仍然认为这是非常荒谬的行为。具有性感魅力的人通常不会成为好的伴侣。当一个具有性感魅力的女孩结婚后,要么她保留着让男人兴奋的欲望,让她的丈夫嫉妒、生气;要么她对婚姻很满足,失去了她的性吸引力,同时也失去了丈夫的青睐,毕竟她的丈夫是因为她的性吸引力才选择了她。无论哪种情况,她都改变了婚前的平衡关系。兴奋、欲望表明了对满足的渴求,这种渴求是永远无法熄灭的。她们更倾向于获得别人的关注,去征服新的战利品,而不是满足于持久的伴侣关系。

在这种情况下，美貌同样会成为婚姻的障碍而不是优势。漂亮的女孩可能更多地期待获得别人的关注，并对此产生依赖，她们很少去思考自己要在社会中发挥哪些积极的作用。虚伪、野心和虚荣心，再加上对他人意见的依赖，会让人缺乏自信。因此，让人骄纵的美，往往会阻碍其优良品质的发展，损害伴侣之间的合作意识。这也是为什么许多外表漂亮的女人婚姻都不成功的原因：她们得到很多关注和赞美，她们在情欲的满足中找到乐趣，但她们的生活常常是空虚的，年老色衰的恐惧和威胁笼罩在她们的周围。魅力女郎和风流浪子只是众多不合适的伴侣中的两种。然而，这些类型常常被人们选中。

品位和偏好是爱上某个特定伴侣的主要诱因。然而，它们表达了人们无法完全意识到的内在动机。挑选伴侣的整个过程是建立在更深层次的心理过程之上的，而在这一过程中，我们无法审视自己和进行自我剖析。虽然每个人都清楚地知道自己真正想要的是什么，了解自己的欲望和期待，但他仍然不知道自己真正的目标是什么，特别是当他的意图不符合常规、违背社会习俗和特定生活逻辑时更是如此。

一个社会适应能力强、有勇气、有自信、对自己的未来和幸福充满信心的人，会凭直觉选择一个承诺给予幸福与和谐婚姻的人作为伴侣。一个气馁、悲观的人可能仍然渴望爱情、亲情和婚姻，但是他悲观的期望可能会使他误入歧途。他要么认识不到一个好机会，要么逃避这样的机会，因为这样的机会不符合他的行动计划。他内心的防御心理可能会使他表现出各种各样的态度和行为。同时，这些态度和行为可能会导致他在性生活和婚姻方面遇到困难和挫折。与此同时，这些态度和行为又成为这些挫折的借口。

制造距离

"距离"是一种特殊的防御武器。任何人为了避免完全妥协都可以通过各种方式制造距离。其中一种方式是划分恋爱对象。如果一个人分别被几个不同的异性以不同的方式吸引，那么对于其中的任何一个人他都不可能做到完全接受。精神恋爱与性吸引、情感和肉欲之间的区别证明了划分恋爱对象是十分有效的。一个男人可能会爱上一个高贵文雅的女士，但是他不敢提出性要求。当然，这个女士可能比较符合弗洛伊德提出的理念：她可能与他的母亲或姐姐非常地相似。[1]但这种心理"再现"可能漏掉了重要的一点，那就是：这种女性很可能是男人为了保持距离而刻意选择的，他们往往对这个女孩并不是完全地喜欢，而女孩也不喜欢男人这种敬而远之的态度。因此，我们要弄清楚男人到底是出于什么目的跟女孩相处，到底是精神恋爱还是肉体吸引。如果

---

[1] Sigmund Freud, Uber einen bonsonderem Typus der Objektwahl beim Manne, Sammlung Kleiner Schriften zur Neurosenlehre, Internationaler Psychoanalytischer Verlag, Wien, 1922.

我们刚一发现某个人存在对母亲或姐姐的"乱伦情结",就急于做出判断,那我们就会误解这种情况。同样,将社会地位不高或智力上处于劣势的女性作为性满足的对象,与避免崇尚"母亲形象"几乎没有什么必然的联系。这种做法更多地是为了保持男性的优越感,或是为了防止在婚姻中实现令人满意的结合。"条件不高和过于完美都能让彼此产生距离。"(阿尔弗雷德·阿德勒)[①]如果我们对一个无法心生尊敬的人产生了性欲,或者遇到了一个能让我们增长信心、敬仰爱慕的对象,却无法对她产生性欲。这些都不是对方的错。实际上,我们只是接受了某个人的某一部分而已。我们在性爱方面接受了其中一个,而在精神方面接受了另一个,自己却还总是抱怨对方没能在两方面都满足自己!这种混淆了因果关系的行为是多么愚蠢啊!

选择一个不恰当的伴侣

还有一种常见的方式也能制造距离避免双方完全地结合,那就是选择一个已经被其他关系所束缚的伴侣,这种方式能成功地逃避责任。很多人总是喜欢和已婚的人发生关系,他们也总是为自己的"倒霉"感到困惑不已,不明白为什么自己喜欢的人都是有家室的。

[①]Alfred Adler, Das Problem der Homosexualität, Erotisches Training und erotischer Rückzug. S. Hirzel, Leipzig, 1930.

有一个年轻的女孩就曾经向我们抱怨了她的这种不幸。她的感情就从未成功地摆脱过前任的牵绊。"真的从来没有过吗?"我们问她。她承认:"有过一次。"但到底发生了什么呢?我们看看就知道了!她深爱着一位被她理想化了的男士。突然有一天,她对他没有感觉了。她一直以为,自己之所以不爱他,是因为她看到了他的缺点,她觉得自己之前把他想得太好了。她没有意识到的是,自己这种态度的转变恰恰发生在这个男人终于和他的前女友断绝了关系,决心和她一个人好好相处的时候。这类事件的发生并非巧合。现在的她就好像处在聚光灯下,必须履行她曾经公开表示的忠诚。这才是她改变想法的真正原因。

这个故事说明了一个非常重要的问题。一个心理健康的人在遇到不可逾越的障碍时会把自己的兴趣转移到他觉得有发展前景的伴侣身上。然而,对于一个想要逃避责任、不愿结婚的人来说,这确实是一个绝佳的恋爱机会。这时的他会给自己开"绿灯"。然而,一旦情况有变,障碍突然消失了,他就会失去原有的兴致,为自己亮起了"红灯"。

为错误的方向开"绿灯"

有一个男人在四十岁之前一直想结婚。他努力地寻找结婚对象,但都没有成功。在他二十岁左右的时候,他想娶一个女孩,但这个女孩一直犹豫不决,迟迟不愿嫁给他。最开始的时候,他刚认识这个女孩就向她求婚,把女孩吓坏了。后面他继续不断地向女孩求婚,但他越催促,女孩就越犹豫。女孩越是退缩,他就越催促她。最后,他放弃了。几年后他才知道,就在这个女孩认真地考虑要嫁给他的时候,他放弃了。这只是巧合吗?之后,他爱上了一个已婚的女人。多年来,他一直试图说服这个女人离开她的丈夫,都没有成功。她没有表现出一丝要离开她丈夫的意思,最后他只好放弃了。

在一段时间内,他找不到任何愿意和他交往的女人,直到有一天,他爱上了一个寡妇。他们在一起了很多年,感情一直很稳定,尽管这个寡妇承认爱他,但仍然拒绝嫁给他。她宁愿拿着她已故丈夫的养老金过完全独立的生活。他清楚地记得,有一天,他第一次意识到自己爱上了这个女人。那是一年夏天,在一个星期天的下午,他们在一家餐厅的花园里用餐,他告诉她,他想带她去乡下看望他的父母。女人迟疑了一下,然后说:"不。"他心里突然感到一阵抽痛,他感到很震惊,因为他头一次意识到自己是多么在乎她。

他没有意识到,这个女人拒绝见他的父母实际上就是在表达她不愿意嫁给他。眼前的这个情况对其他人来说也许是"红灯",但对他而言恰恰则是"绿灯"——代表了在这段感情中他没有任何的希望,只能继续前行。当他最终离开她去看心理医生时,他已经绝望了,尽管他还在疯狂地寻找结婚的对象。很难想象他这样的状态能找到人愿意嫁给他,他制定了一套巧妙的应对方案，每当有好心的朋友和亲戚给他介绍对象时，他都用这套方案来应对他们。如果女孩与他的年龄接近，她就没有办法吸引他；如果女孩比他年轻，他又担心自己不能满足她，担心她会背叛他。如果女孩家境不好，他怀疑人家骗他，觉得人家和他结婚只是为了他的钱和获得经济上的保障；如果女孩有钱、有收入，经济独立，又让他感到害怕，因为这会使他失去影响力。

通过对这个男人的分析，我们了解了他的过往：这个男人从小在奥地利农村长大，那里的男人享有男性特权。他的父亲非常强势，在家里占据着主导地位，这个强势的角色给他留下了非常深刻的印象。因此，他总是竭尽全力模仿他的父亲。他的母亲和妹妹是家庭暴力的牺牲品。而这个男孩也总是喜欢强调自己的男子气概，他想拥有和他父亲一样的地位，但又怀疑自己不能像父亲那样强大。这就是他内心的矛盾，也是导致他痛苦经历的直接原因。他一方面变得犹豫不决、谨小慎微，另一方面又过于激进。他想结婚，想成为家里的"老大"，但同时，他又害怕自己没有这个能力。他没有意识到，只有在别人不愿意和他结婚的情况下，他才会向别人示好。因此，他既保持着对婚姻的渴望，又希望能继续孤独下去。

在心理治疗期间，这位患者开始慢慢地了解自己。他的紧张情绪和随之而来的神经症状消失了。经过几个月的心理治疗后，他来告诉我，他订婚了。我很想知道，像他这样总是不断地询问怎么才能找到一个合适的伴侣的人，最终是如何结识到心仪的姑娘的。他给我分享了下面这个故事。

有一次，在看马戏表演的时候，他发现最前面一排有一个年轻漂亮的女孩深深地吸引了他。正当他不知道如何去接近这个女孩的时候，他注意到女孩的身边有一个看上去有些面熟的年轻人。所以他就抱着碰碰运气的心态，去跟他们搭话，结果他的运气比他预想的要好。当他向那个男人介绍自己时，他发现他们是在一次旅行中认识的，而这个男人只是那个女孩的哥哥。就这样，几周后，他和这个女孩订婚了。

这个故事非常有意义，因为它说明了一个问题。当有人问"我怎样才能找到理想的伴侣"时，我们要不要告诉他们"去看马戏表演"？实际上，生活给我们每个人提供了很多机会，是否能合理利用这些机会全靠我们自己。如果我们总是遇不到合适的人，或者总是遇到错误的对象，那么只能说明我们的心态和期望是有问题的。

缺陷的魅力

很多人都会爱上那些看似最不可能爱上的人。很多人时常因为一时错误的选择葬送了本该属于自己的幸福。之所以出现这种情况，是因为我们内心深处有两种倾向：一种倾向让我们想要保持自己的优越性，另一种倾向让我们忍受痛苦。第一种倾向会诱导你选择一个不那么优秀的伴侣，这能让你保持自己的优势地位；第二种倾向会让我们选择一个尽管不那么满意，甚至备受折磨，但他身上总会有很多特别的优点能抚慰你受伤的心的伴侣。我们一般都会选择前者，接受对方的缺陷。这样，我们就理解了为什么在痛苦的婚姻中的双方会选择彼此。人们总是抱怨自己的伴侣有这样或那样的缺点，但恰恰就是这些缺点让彼此双方相互吸引并产生了爱。

有一位女士，她的婚姻非常不幸。她的丈夫好赌，且没有一份稳定的工作。他强行拿走她的钱，甚至还对她撒谎，完全不承担家庭的责任。这个女士是一个美丽、真诚、善良的女人，她不明白为什么在所有人中，她偏偏选择了他。她一直渴望能有一个平凡的家庭和一个体面的丈夫。在我们几番询问下，她承认，在她遇见她丈夫之前，曾有一名男子向她求婚。根据她的描述，那位男士能给她安全感，且体贴、关心、疼爱她。但她还是选择了她的丈夫，即便当时的他一无是处、嗜赌成性、招蜂引蝶。她也不知道她为什么会选择她的丈夫，只是觉得现在的丈夫更吸引她。她认为他更需要自己，自己可以改造他，把在他身上潜藏的优点都展现出来。这便是她的理由，但其实，真正的原因她也并不知道。当她还是孩子的时候，就经常被家人忽视，出于性别的原因，父母更喜欢她的哥哥弟弟们，所以她觉得自己在他们面前总是低人一等。她尝试在其他方面寻找优越感。她比她的哥哥弟弟们工作得更努力、表现得更懂事，而且她愿意承担本不该属于她的责任。即便成年之后,她仍然需要这种优越感,因此她选择了一个软弱且收入不稳定的丈夫。

人们经常存留着对"理想伴侣"的记忆,这是他们一生的遗憾。为什么总是在失去后,我们才发现他是最合适的那个人呢?

一个病人告诉我,他爱上了一个女孩,她是如此美好,他们志趣相投,以至于他感觉再也找不到跟她一样完美的伴侣了。在他看来,她未来一定是一位完美的妻子。他不明白为什么他们总会因为各种理由争吵起来。虽然她对他有好感,他也很喜欢她,但是因为不停地争吵,这份感情最终还是走到了尽头。现在他终于坦然承认,在他们恋爱期间,他常常觉得她太过聪明,太有能力,让他感觉自己配不上她。不久之后,他爱上了一个不起眼的女子,她娇生惯养、举止轻浮,但这个女孩给了他证明自己优越性的机会。他们最终结婚了,但显然,他们的婚姻生活是不幸的。

我的另一个病人总是抱怨他的妻子做事不积极,什么都做不好。在他眼里,她十分被动,承担不了任何责任。这位病人坚定地认为,尽管他精神有问题,但是如果他的妻子更有能力、更加独立,他可能会很成功。而现在的情况是,家里家外都需要他一个人操持,他的妻子不但不能提供任何帮助,还总是给他添麻烦,既不能节省开支,也不能为他的婚姻生活带来欢乐。那这个人当初为什么偏要娶她做妻子呢?他说他当时不知她是这样的人。我邀请了这位妻子和我见面谈一谈。她是一位性格腼腆但很真诚的人。我们从这位妻子那里了解到了不一样的故事：丈夫限制她的活动，剥夺了她所有的做事机会。每次她还什么都没做，她的丈夫就开始奚落她，把事情全揽到自己身上。她发现，每次她主动做任何事或承担任何家庭责任，他都会生气，而且表现得烦躁不安。为了避免发生家庭矛盾，她不得不把一切都交给丈夫。她以为，丈夫想让自己依赖他。她的这个想法很可能是对的。

这就解释了他为什么会娶她：他爱上她，正是因为她能力不强、做事被动。这就是他想要的——一个能力不如他且能依赖他的妻子。如果妻子更加优秀，他在家庭中的优越地位就会受到威胁，而且，他再也没有借口，或是理由来掩饰自己的缺点了。他是家中的长子，凡事都想争第一。他在自己的家中享有很高的家庭地位，但离开了这个家，他就很难保持自己的优势地位了。

还有一个男人，总是抱怨他的妻子专横跋扈，只给他很少的零用钱，不让他一个人独处，还不断地唠叨和批评他。但当初他娶她很可能就是因为她的这些缺点。他从小娇生惯养，与女孩子接触时会很害羞。他刚认识现在的妻子时，她很会关心人，他也为此感到高兴。对于他的着装和言谈举止，她总能提出中肯的建议。她不希望他带她去昂贵的场所，宁愿晚上安静地待在家里，因为这样可以省钱。他很喜欢这个女孩子，觉得她和他见过的其他女孩都不一样。然而，当他们结婚以后，他却不喜欢她了。难道是因为他对她不够了解吗？还是因为她发生了改变？这根本不是爱。即便他选择了其他人做妻子，他也未必比现在高兴。

通常情况下，人们对某一类型的伴侣失望以后，很可能会选择完全不同类型的伴侣再婚。有些人的生活方式相当僵化，他们会再一次选择同一类型的伴侣，并且永远也学不会与伴侣和睦相处。稍微勇敢一些的人，会选择完全不同类型的伴侣。然而，事实证明，这并不利于婚姻幸福。一个女人对不讲道德、浅薄自私的丈夫深感失望，离婚后，她爱上了一个做事有条不紊、体贴可靠的男人，而这个男人是如此谨慎，以至于他根本不想和她结婚。一个男人，在第一段婚姻中一直被他的妻子掌控，后来他离婚了，娶了一个轻浮的小女孩，她对经营婚姻、操持家务、养育小孩等问题一无所知。截然相反的选择却造就了同样的结果：婚姻中仍然会出现不和与摩擦，夫妻两人难以和谐共处。

无论双方对彼此是多么不满，无论双方为了相互妥协发生了怎样的改变，都很难改善婚姻状况。这些烦人的缺点不仅仅使彼此相互吸引，还会在婚姻中不断引发新的问题。即便是曾经的优点也会变成缺点，这些缺点能够帮助双方维持已经建立的平衡关系。婚前的勤俭持家，在婚后就变成了一毛不拔；婚前的慷慨大方，婚后就变成了奢侈浪费；婚前的自信满满，婚后就是控制欲强；婚前的一丝不苟，婚后就是吹毛求疵；婚前有趣的家庭生活，婚后就会变得乏味无趣。

然而，无论彼此对对方的缺点是多么难以忍受，一旦对方发生改变，他们还是无法接受。那些抱怨妻子能力不足、缺乏效率的人，一旦妻子有了独立意识，他们反而觉得受不了。那些所谓的"妻管严"，一旦妻子不管他了，就会倍感失落。那些经常帮丈夫还赌债的妻子，一旦丈夫突然变得规规矩矩，不再赌博欠债，她反而会怀念自己承担责任时的满足感和自我牺牲的美德。那些总是抱怨妻子出去调情的丈夫，一旦发现自己的妻子不再吸引其他男人的爱慕和关注，很可能自己也会对妻子失去兴趣。因此，比起改变，人们更愿意放任伴侣缺点的存在。

生活方式的回馈

你在选择伴侣时所考虑的各项因素，与未来婚姻中发生的冲突密切相关。婚姻关系的确立不仅仅是理性选择和逻辑分析的结果，良好的婚姻关系取决于彼此性格的融合程度。当两个人决定结婚的那一刻，他们感觉到彼此的生活方式一致。即使是一场由醉酒和性冲动导致的闪婚，也能说明两个人对彼此认可，远远超过一般的关系。虽然这样的选择多属意外，一般都会导致失望和闪离，但这却是双方性格的真实反映。不管他们的婚姻关系持续了多久，他们彼此的生活已经融合到了一起。

两个人意见一致，且能够和谐相处，并不意味着他们的生活方式一致。相反,他们需要差异化的生活方式,做到彼此互补。如果两个人都想占主导地位,那他们就很难相互合作。相反,如果两个人都缺乏主见,喜欢默默奉献,也很难维系好婚姻关系。因此我们必须弄清楚,哪些是微不足道的心理问题,哪些是重要的生活习惯。丈夫和妻子可能都野心勃勃,或者都喜欢彼此埋怨,但他们可能相处得很好;他们之间共同的特质让彼此的关系更加亲密。但真正起决定性作用的,既不是这些所谓的特质,也不是许多人认为的共同利益,而是最基本的生活方式。具体来讲,就是他们如何努力上进、如何忍受痛苦、如何取得成功、如何获得安全感。这就解释了为什么很多人都喜欢和比自己小的人结婚,一个性格强势的人更喜欢和听话顺从的人在一起;内心冷酷残暴的人总能找到道德高尚的伴侣,甚至连流氓无赖也能找到他想保护的对象。普通人的婚姻大多都是上述几种类型,看似极端的情况其实并没有我们想的那么极端。

F女士总是喜欢与自己的妹妹竞争,这就使得她的性格非常强势,无论在思想、学业还是在社交能力上她都超过了自己的妹妹。她把妹妹比下去了,这样就得到了优势地位,从而也得到了父母的肯定与认可。但她却不知道自己的行为给她妹妹造成了严重的心理缺陷。最后,妹妹嫁给了一个同她一样在姐姐的阴影下长大的男人。尽管他们的婚姻争吵不断,痛苦不堪;尽管他们总是相互抱怨,认为两人性格不合,但实际上他们却很好地适应了彼此的生活。虽然妻子觉得丈夫不爱学习，难以忍受他粗鲁的行为举止，但很明显，她也从中得到了好处，得到了她所期待的东西。

O女士有好几个哥哥和弟弟，她是家里唯一的女孩。这使她有强烈的男性抗拒心理，总想扮演一个男人的角色。O女士的丈夫因为有一个非常有男子气概的哥哥，所以总觉得自己不像一个"真正的男人"，他拒绝参加任何涉及男性竞争的活动，在艺术活动中寻求心灵的安慰。而作为妻子的O女士则是替自己的丈夫在男人的世界中战斗。他们两个人矛盾分歧不断，再加上时不时地陷入各种社会问题和经济危机之中，因此O女士总是抱怨丈夫性格柔弱，缺乏力量和胆识。当然，尽管他们看起来矛盾分歧不断，实际上他们日子过得还不错，两个人性格非常互补。

接下来的婚姻故事听起来有些不可思议，这对夫妻在他们的亲戚朋友看来算得上是普通的中产阶级家庭。夫妻二人都很聪明，很好地保守了他们的秘密：这个女孩的丈夫曾经是她母亲的情人。那她为什么会爱上自己母亲的情人呢？一部分原因是她恨她的母亲，她恨母亲对她父亲的不忠，但更主要的原因是她的母亲总是表现出更喜欢她的妹妹。从她很小的时候开始，她就觉得因为妹妹自己总是被母亲排斥和忽视，于是她只能寻求各种感官上的满足。虽然她对丈夫表现得非常尊敬和钦佩，但她大概也认识到了这个男人的真实嘴脸——他勾引了情妇的女儿。她千方百计地想要让这个男人娶她，当然，她也应该预料到自己会面对什么样的结果。

婚后不久,他就对她表现出了极大的怨恨,直截了当地告诉她,他根本不在乎她。他觉得是她把他骗入了婚姻这场困局。她默默地接受了他的这种态度,继续保持着对婚姻的热情,等待着他的归来。果然,他回来了,因为他们确实很合得来。但他这次回来还给她带回了一个特殊的"礼物"——淋病。即便这样,也没有阻碍她对他的爱。接着,她给他生了一个孩子,但之后不久,他又一次离开了她。而她仍然耐心地等着他再次回来。而这次,他带回了梅毒。即便这样,她还是没有离开他。几位了解情况的朋友完全无法理解她为什么如此容忍和屈服。有些人试图从"性奴"的角度来解释她的行为。当然,她之所以如此隐忍是因为她喜欢这种感官体验,她愿意为此受苦。与此同时,她用她的痛苦来惩罚她的丈夫,就像她以前用同样的方法惩罚她的母亲一样。她可以因此而凌驾于罪人之上,来指责那些折磨她的人。许多小事都能看出,是她故意招惹丈夫来虐待自己,稍稍用点小手段,她就能让她的丈夫恢复平静。她之所以选这个男人做丈夫是因为她想成为无辜的受害者,这也是她为什么在他残忍地虐待她之后,她一再依恋他的原因。事实上,在这段婚姻中,主要问题并不像大家所想的在丈夫身上,而是在这个"圣洁的"妻子身上。

被吸引的真正原因

我们选择伴侣的真正原因通常是不为人知的,我们总喜欢用一些貌似合理的理由来解释。许多人觉得结婚可以获得安全感。然而,婚姻不是避风港。生活中根本没有安全感。婚姻不能解决任何问题,其实它本身就是一个问题,而且是个必须解决的问题。我们只不过是在生活所面临的诸多问题中又增加了一个新的问题。有些人结婚是为了改善社会地位或经济状况。当然,配偶,尤其是妻子,可能会转变为合作伙伴,男人有时也会享用妻子的财富。但是,这些利用伴侣获得地位和财富的想法背后,往往隐藏着一些更私密、更普遍的目的,远远不止表现出来的提高社会地位和改善经济状况这么简单。有些男人稀里糊涂地结婚,仅仅是为了满足性欲。在他们看来,相比花钱取悦女友来满足性欲,结婚要便宜得多。然而,天下没有免费的午餐,总是想着占便宜的人最后往往会吃大亏。无论人们主观上希望婚姻带给他们什么,他们结婚的真正原因,都是发自内心地想要与人交往,希望获得一种归属感,这是人类的天性,正是这种天性推动着社会的发展。

人们的性格是在孩提时期在努力与他人融为一体的过程中发展起来的,因此我们当前的生活方式使得我们更容易被那些符合我们交际方式的人吸引。性和婚姻制度的存在使婚姻关系比其他任何人类关系都更为亲密，因此，性格的基本结构在配偶关系中比在任何其他人类关系中都表现得更为明显。

一见钟情

我们有能力在短时间内判断一个人的性格，并在不知不觉中判断这个人是否符合我们的期望，这一点可以从一见钟情这个现象得到证明。正如几乎所有同性恋在遇到另一个同性恋时都能马上判断出对方的性取向一样，我们也能立即觉察出另一个人在多大程度上符合我们的需求。

一个聪慧迷人的年轻女士嫁给了一个富商，这个富商非常爱她。他们家庭美满幸福，还有一个可爱的孩子。这桩婚姻似乎相当成功，令人满意。然而，这位女士非常活跃，她的丈夫给了她充裕的时间休闲和娱乐。她经常带着孩子到欧洲各处旅行。就是在其中的一次旅行中，她完全失去了理智——她自己也不明白这是怎么发生的。她遇到了一个男人，对他一见钟情。为了他，她放弃了一切，包括她的丈夫、她的家，甚至她心爱的孩子。使她更加困惑的是，这个让她如此不顾一切的家伙其实是一个相当普通、呆板、长相也不怎么出众的男人。他是一个乐队的钢琴手，工作很不稳定，受教育程度也一般，并且他似乎没有办法跟任何人深入交往。对任何女孩来说，他都是一个糟糕的选择，没有人能理解是什么吸引了她。她自己肯定也解释不了，这就是爱情的奥秘之一。

她遭受了巨大的痛苦，那个男人最终还是离开了她，完全不顾她的付出和牺牲。之后，她到我这边寻求精神方面的帮助。通过对她的过去经历的了解，我们揭开了问题的谜底。她是家里的独生女，她的家庭非常富有，父母非常疼爱她，把她看得比生命都宝贵。孩提时代，她想要什么都能得到。所以，她总是想得到更多，而且她的愿望总能得以实现。她渴望出类拔萃、受人崇拜，但她的内心又总是缺乏信心，对自己的能力感到怀疑。她总是要表现得比其他人更优秀，才能不断证明自己的能力。只有这样她才能平息内心的自卑情绪，因为她从未工作过，也从未通过自己的努力获得过任何形式的成功以及他人的认可，因此，在她十八九岁的时候，她的丈夫向她求婚，她就接受了，因为这个丈夫完全符合她的需求。丈夫对她的忠诚证明了她的优越性，他的收入不仅保障了她的社会地位，而且满足了她的一切愿望。

她不断试探丈夫对她的爱。她要得越多，付出的就越少，而她的丈夫任由她摆布。她撇下他好几个月去环游世界，并不是因为她喜欢冒险，而是因为她厌倦了眼前的生活，希望通过这种方式让她的丈夫更加顺从于她。可是，他越让步，她就越不满足。她开始怨恨丈夫对她的仁慈，厌倦了自己对他的依赖。可当她试图支配他的时候，他却变得越来越强大，而她则变得无足轻重。但是一直以来，她从不让自己陷入别人的爱慕之中，因为她的道德情操有助于保持她的优越地位。直到她遇到了这位使她神魂颠倒的钢琴家。

现在，我们终于不难理解是什么让她如此着迷了。在这里，她发现了一个在各个方面都不如自己的人。她充分发挥了自己的优越地位，实际上，在他们第一次见面的时候，她就意识到了这一点。她完全不需要依赖于这个男人。她的优越感就是基于自己的付出。当然，因为她没有受过生活的训练，所以自己能做的事情不多，她唯一能做的事情就是付出。为了他，她放弃了她的孩子、丈夫、家庭、社交生活，以及各种各样的便利。这个美貌与财富并存的女人像女神一样闯入了这个无名小卒的生活。他受宠若惊，觉得这是上天赐予他的礼物。但当她提出要求时，他断然拒绝了任何的付出，于是两个人开始出现争吵。有一阵子她可以管束他！但很快他便开始对她的专横表示反抗，觉得自己完全是在遭受虐待。最后，他离开了，这意味着她最终也没能争取到自己的优越地位，她的生活方式必须改变，这样她才能重返社会生活。

这个案例向我们证明了一见钟情是多么不靠谱，在如此短暂的时间内，我们根本无法了解一个人。与此同时，我们也了解到，哪些神秘因素会影响着我们的个人选择。那么，我们如何判断自己是否选对了人呢？我们首先必须记住：爱情和婚姻只不过是众多生活问题中的一个。我们对异性的态度与我们的生活态度以及解决生活中遭遇的所有其他问题的态度是一致的。如果婚后我们的生活能够朝着正确的方向前进，即符合人类进化的方向、能够勇敢面对困境、符合社会兴趣的发展方向、符合与人合作、贡献个人力量、解决人类所面对的问题的发展方向，那么我们的选择自然而然就是正确的。如果我们的发展方向是错误的，那我们怎样才能做出明智的选择呢？在选择伴侣的过程中，我们的整体适应能力经受了巨大的考验。

感觉是个人欲望的反映

我们的感觉总是能体现出我们的行为动机。从这个意义上讲，我们可以相信我们的感觉，它们总能带给我们所希望的东西。感觉也可能会带给我们痛苦，但这并不是它们的错，毕竟它们只是我们个人欲望的反映。真正带给我们痛苦的不是我们的感觉，而是我们的目的与期望，是我们错误的人生观。其中就包括我们对伴侣的选择，错误期待导致我们总是有意识地朝着这个方向去努力。我们爱上某个人是因为他的优点还是缺点？我们之所以选择他是因为我们想要得到他的保护，还是想要得到其他方面的好处，抑或是单纯地因为你们彼此了解？我们相爱仅仅是因为我们从中得到了快乐，还是因为我们觉得彼此亲近？认真思考这些问题可以帮助我们认识到自己的择偶态度是否正确，同时帮助我们重新审视并改变自己的人生观。

理性是伴侣选择的合理依据吗？

目前，我们遇到了这样一个问题：理性在伴侣的选择过程中起到了什么样的作用？既然"感觉"不能保证我们的方向正确，人们可能会更倾向于将"理性的爱"作为婚姻的基础。然而，事实上，除非有情感方面的支持，否则仅仅靠理性显然不足以支持我们对伴侣的选择。当然，如果一个人的选择是合情合理的，是基于社会兴趣与合作意识的，那么情感也会随之而来。只是这样的情感不会像那种需要超越社会习俗、战胜非议，以及美化不合理选择得来的情感那么热烈和势不可当。与我们理性的选择相一致的情感是一种非常低调的情感，表达了一种深沉的爱意，这种感情似乎比猛烈的激情更可靠。但是没有任何情感支持的选择也是不合理的，因为充满了算计与计谋的选择一定会招致对方的厌弃。如果单凭理性，两人没有任何感觉，甚至连一点同情心都没有，那么两个人肯定也是不合适的。一些女性很可能是因为十分渴望距离感，所以才会选择这样的伴侣。这样的婚姻关系刚好可以让两个人有足够的距离感，不会产生任何亲密关系，更不会产生温情或妥协。然而，在婚姻中也会出现这样的情况：如果聪明的伴侣能够让自己具有足够的自信和勇气，那么"理性"的那一方很可能会放弃自己在精神和情感上"冷漠"的防御机制。

在很早以前，人们的婚姻主要听从父母的安排，这种婚姻方式十分普遍，大多都是基于利益关系。几个世纪以来，人们都不是因为爱情才结婚，爱情几乎都是在婚后才发展起来的。然而，在我们这个独立民主的时代，那些出于算计而步入婚姻殿堂的人，总是希望自己有一天能与伴侣之外的某个人坠入爱河。这种意想不到的激情总能让婚姻双方产生更大的距离，从而将另一方为赢得对方的信任而做出的努力完全抵消。

我们很难分辨理性与爱情到底哪一个更能让婚姻幸福，因为二者之间缺少哪一个都是错误的。如果爱情不能通过逻辑和理性表现出它的积极倾向，那么它本身是绝对不值得信赖的；而理性如果没有真挚的情感相伴，也将变得不可理喻。如果我们这一代人能够不被当前的文化的变迁，特别是两性关系的变化所迷惑，那么我们就更容易理解这些简单的真理，也就不会如此频繁地出现理性与爱情的问题。当前社会新形成的个体独立思想，尤其是女性的独立，让人们产生了一种对自由的渴望，这实际上是对个人义务的逃避，而不是真正的独立。人们之所以反复强调对"爱情"的渴望，与其说是没有完全接受另一半的欲望，倒不如说是为了拒绝一个自己不爱的人而找的借口。

"剩"男"剩"女

许多人疯狂地寻找着自己的另一半，不断地尝试，却仍然孤独无伴。他们根本没有认识到自己的错误态度。他们不会爱，也不愿意去爱；他们不属于任何人，任何人也不属于他们。他们很少能意识到自己被"剩"下的真正原因。有的女孩觉得是自己太穷了，而有的女孩又会认为是自己太富有了。贫穷的女孩哀叹自己没有漂亮的衣服、没有闲钱来款待朋友，从而导致她遇不到合适的男人；而富有的那个女孩则抱怨，男人只爱钱，不爱她。有个女孩觉得自己长得太丑了，根本没有男人会瞧得上她；而另一个女孩则抱怨，自己美得找不到男朋友。事实上，确实有女孩在找工作时，因为长得太漂亮而被拒绝。漂亮的女孩往往不会觉得男人对她们的关注是出于对她们的欣赏，因为在她们看来，没有人会在意她们的想法——那些男人看重的只是她们的容貌。

这些理由听起来似乎很有道理，但这都不是导致她们成为剩男剩女的真正原因。无论女孩是贫穷还是富有，都有人幸福地步入婚姻的殿堂；有些相貌不佳的女孩的老公却非常帅，也有很多漂亮的女孩婚姻幸福又美满。就像有的女孩认为自己找不到男朋友是因为自己个子太矮，还有的认为是自己太高了；有人很在意自己的鼻子，有人会很在意自己有些驼背或其他一些无关紧要的缺陷。其实这些想法都是错误的。

男性也是一样的，虽然我们生活在一个男性占主导地位的社会里，但他们同样也会为自己找不到合适的女朋友而寻找各种理由。不同的是，男性很少会抱怨自己的生理缺陷，他们更多地会觉得是自己经济条件或家庭状况等方面的问题。当然，更多的时候，他们还是会觉得是女方的问题。

随着社会的发展，女性获得了与男性平等的地位，她们逐渐变得和男性一样挑剔，认为找不到伴侣是因为好男人太少了。然而，在现实生活中，无论是剩男还是剩女，他们之所以单身，大都只是因为内心的胆怯和不自信。她们认为婚姻就像是一次考试，之所以害怕结婚，是因为没有足够的信心通过这次考试。之所以想要从伴侣身上找寻安全感，是因为她们内心缺乏安全感。这就导致她们对伴侣过分吹毛求疵、恋爱谈不长久。她们的要求太高了，无论多么优秀的对象、多么雄厚的经济实力都不能保证她们能拥有幸福、美满的婚姻。

追求完美

下面这几个例子清楚地说明了这些剩男剩女的心态。

两个男士在街上相遇。"你好，鲍勃。你怎么啦？怎么看起来垂头丧气的？"鲍勃说他最近终于遇到了那个他一直苦苦追寻的对象——完美的女人。他滔滔不绝地开始赞扬这个女人是如何美丽、迷人，她聪明善良、善解人意，而且非常谦逊，此外，她还很有钱。最后，朋友不得不打断他，问道："后来呢？你们在一起了吗？""没！我的运气太差了！她想要一个完美的男人！"

世界上真的有"完美"的人吗？一位演讲家曾经说过，世界上根本不存在完美的人。为了证明他的观点，他曾问当时在场的所有人："有谁听说过哪里有完美的女人吗？"所有在场的人都在摇头，没人见过完美的女人。他又问："有谁听说过哪里有完美的男人吗？"这时，一个细小的声音传入耳畔："是的，先生，我听说过。"大家看到说话的人是坐在角落里的一位瘦瘦的小伙子，他看起来非常温和。"那你听说过哪里有完美的男人吗？"演讲家问道，"那个人是谁呢？"他回答道："是我妻子的第一任丈夫。"

完美的人只会出现在我们的梦里，在现实生活中，这样的人根本不存在。如果我们愚蠢地认为现实生活中真的有完美的人，那这个人一定生活在过去。然而，人们追求完美的心却是实实在在地影响着我们的生活，它能够产生巨大的力量，让我们对现在所拥有的一切视而不见。

欲望和初衷

无论一个人多么想结婚，都说明不了什么。因为，欲望本身并不重要，真正重要的是你的实际行动。

有个年轻的女孩，从小就幻想着未来成为一位幸福的妻子、一位快乐的母亲。白日梦通常说的都是那些难以实现的愿望。信心引导行动，而非幻想。为什么那个女孩不相信自己未来的婚姻会幸福？这是因为父母不幸的婚姻让她倍感受挫，她从小就坚定地认为，女性在婚姻中扮演着悲剧性的角色。尽管她梦想着未来能拥有幸福美好的婚姻生活，但她还是会警告自己的好朋友千万不要结婚。她一方面觉得自己的建议相当有道理，另一方面又恨不得马上找个人嫁了。后来，她不顾亲友的劝告，非要和一个男人交往。她很想跟这个人结婚。

然而，几年过去了，这个年轻男孩变得越来越不想结婚了，最终还是离开了她。这时，她已经过了适婚年龄。她真的不知道，为什么在众多追求者中，她偏偏要爱上这个男人。她总是虚张声势地表现出自己对婚姻的渴望，却不知这背后隐藏着她对婚姻深深的恐惧。我们是否可以猜测，她其实很早以前就发现了这个男人跟她一样恐婚？后面发生的一件事情证实了她连自己都没有意识到的恐婚倾向——她自己都解释不清，为什么她会在即将和这个男人分手前与他发生了性关系。她否认自己是想要通过满足对方的性欲来维持他们之间的恋爱关系。她清楚地知道两个人的关系已经结束了。那么，她为什么在明知两人感情无望继续发展的情况下，还放松了对自己的道德约束呢？她实际上是在"道德自杀"。现在，她觉得自己已经不配跟任何体面、优秀的男人结婚了。通过自己的"堕落"，她又给自己找到了一个新的理由，让她可以永远地逃避婚姻。后来，经过我们成功的治疗，她终于改变了自己对男人和婚姻的态度，最终拥有了幸福的婚姻。

反对婚姻

除了那些看似渴望结婚，却从未付诸行动的人以外，还有很多人直接对外声称他们不想结婚。他们中的一些人把自己的失败当作美德来炫耀，他们谴责整个婚姻制度，认为自由恋爱和滥交是一种值得称颂的行为。因此，在他们看来，胆小、懦弱反倒成了英雄主义。有些男人谴责女性是一切罪恶的根源，甚至将她们看作可以忽视甚至憎恶的对象。在那些男人必须非常努力才能维持其优越地位的历史时期（如古希腊时期，人们日益增长的民主需求要求男女平等），有一个非常典型的社会现象，那就是人们的同性恋倾向普遍增多。一些想要获得优越地位的女性和准备接受同性恋的女性，把男人描述成是一种凶狠残暴、麻木不仁、粗鄙野蛮的动物，来互相慰藉。

如何寻找合适的伴侣

找不到伴侣总会让我们心情郁闷、沮丧，甚至是自我孤立。虽然并不一定是未婚的人才会觉得孤独，但长期的单身状态确实会使人更加失望和不安。

到底该怎么做才能找到对的那个人呢？如何才能知道自己的选择是否正确呢？这些问题困扰着我们周围很多的单身男女。不幸的是，对于这些问题，并没有固定的公式可以遵循。我们可以根据自己的喜好，选择那些与自己脾气秉性一致的人。除此之外，我们还能做些什么呢？我们必须认清一个事实，那就是，无论我们遇到了谁，都是命中注定的。问题不在于我们遇到的那个人是否符合我们的要求，而在于我们是否有能力、有意愿去和对方好好相处。目前我们心中最大的困惑是不知道谁才是对的那个人。文学、戏剧和电影加深了这种困惑。诗歌、宗教和浪漫主义思想使人们相信"姻缘是上天注定的"，是命运把人们聚在一起，没有任何力量可以阻止它。只要相信这一点就足够了！所以人们等待着，等待着他们"命中注定的缘分"。然而，事实是，人们要么找不到它，要么认不出它。原因很简单，没有人是为谁量身定制的。世界上没有任何一个人能够通过等待另一半而让自己的生命变得完整。当一个人爱上另一个人，她就会认为这就是那个对的人。然而，如果这是真的，就不会有那么多人烦恼地从梦中醒来。遇见对的人宛如做了一场白日梦，不切实际但又充满了美好、浪漫和神秘气息。科学家正在通过一项研究证明确实某一种选择会比另外一种选择更好。[1]研究结果非常实际，一点都不浪漫。社会背景、受教育程度、

---

[1] Ernest W. Burgess and Leonard S. Cottrell, The Prediction of Success or Failure in Marriage. Prentice-Hall, New York, 1939.

宗教信仰，以及共同的兴趣这些因素，都不是命中注定的。科学调查显示，大多数人在选择异性伴侣时都能够进行正确的、适当的选择，即便一些人可能会选择错误，也仅仅意味着他们婚姻幸福的可能性降低，但不至于完全无法相处。做出正确选择的主要因素首先是要有选择的意愿，再加上一些生活常识和想要得到幸福生活的决心，这是我们能够充分利用自己得到的东西。那些采取相应行动的人总是会找到合适的伴侣，而其他人则是无论遇到谁都不会感到满意。

一个人的勇气越小，选择就越少，从那时起，他的借口大于机会。实际上，无论选择哪个人，都有好的一面。世界上既没有完美无缺的好人，也没有彻头彻尾的坏人。一切都取决于我们在伴侣身上看到了什么、发现了什么。

纠正错误的选择

两个生活在不幸婚姻中的人，是否可以通过离婚来纠正他们错误的选择呢？毁掉了他们辛苦建立起来的婚姻关系之后，他们是否会犯下更大的错误？断绝现有的婚姻关系比建立一段新的婚姻关系要容易得多，重新选择伴侣并不会比调整自己以适应现有的婚姻容易。成功或失败的根本原因在于我们自己。我们不能自我逃避，因此不能通过逃避来改善我们的生活条件。如果我们与伴侣的关系出现了问题，那么我们必须开始审视我们自己。如果一个人受困于一段没有爱情的婚姻，他不需要寻找一个新的伴侣来唤起自己的情感；相反，他可以尝试重新发现现有伴侣的优点，给对方多一点理解和关心。如果给他第二次选择他还是选择了现有的伴侣，那他未来将会更加幸运。当然，有时候双方可能只有分开才会让彼此获得救赎，这时候，离婚并不一定是错误的选择。如果人们懂得如何更好地在一起生活，那么许多婚姻都还可以挽救，许多错误的选择也还可以转变为正确的选择。

第5章

共同生活

社会生活的逻辑

在心理学家看来,所有的婚姻问题都体现在两个方面:一方面在于个人的性格特点,另一方面在于与人打交道的方法与技巧。通过对一个人的成长经历、生活方式、受教育程度及个人理解能力的了解,我们能够认识到其各种行为背后的原因以及问题的根源所在;同样,因为人们遇到的问题在本质上都具有一定的社会性,所以这些问题都不仅仅是其个人的问题,我们有必要对产生现有社会条件和社会氛围的人与人之间的关系进行研究。阿德勒最先披露所有人的问题和矛盾都源于其社会性的本质。在与病人的交流过程中,他发现了"集体生活的逻辑",又称"共同生活的铁甲逻辑",

这些逻辑正是那些精神病患者忽视且违反的。他认为在集体生活中，人们想要和谐相处，有些规则必须遵守。建立明确的合作规则对于维持和谐的人际关系来说至关重要。生活中所有的失败、不悦和失望都是因为人们漠视或违反必要的合作规则造成的。[①]

合作意味着什么？在很多人看来，合作似乎意味着同伴对我们的道德责任，真的是这样吗？如果周围有谁缺乏合作精神，我们很容易就能意识到，从而认识到合作精神的重要性。但我们自己缺乏合作精神时，却很难察觉到。尽管我们清楚地知道什么是合作，但自己却不太容易能做到。

合作的科学

人们之所以把"合作"作为一门学科来展开研究，似乎是出于价值观的考虑，人们认为合作的价值观与宗教道德的联系要比它们与科学的联系多得多。自然科学的研究很容易忽视价值观的问题。然而，心理学则不然，毕竟心理学的研究对象恰恰是具有不同价值观的个体。在心理学研究过程中，人们必须有意识地尝试将偏见作为一个研究主题，甚至接受偏见在研究过程中的存在，并寻找方法克服其对研究的不良影响。心理学作为一门学科，必须在人类力所能及的范

---

①Alfred Adler, Understanding Human Nature. Greenberg Publishers, New York, 1927.

围内，尽可能地避免受到主观性的影响，避免做出个人评价，尽管个人评价本身也是我们的研究对象。

如果我们不从伦理道德的角度去给"合作"下定义，即不去追究某一个特定的行为是"好"还是"坏"，就可以避免做出一些违背事实或不恰当的评价。通过对某一具体行为结果的呈现，我们依旧可以保持客观，进而对什么是"合作"做出更好的说明。

我们将所有扰乱人际关系的行为，视为违反合作规则。我们将所有倾向于消除人际关系中的摩擦与对立的行为，视为符合合作规则。合作就是有序互动，和谐相处，朝着共同的目标，达成共识，互帮互助。所有那些促进或增加上述条件的行为都可以被认为是符合合作规则的，而任何引发分歧、摩擦和敌意的行为都是违反这些规则的。准确了解这些规则，将极大地改善那些至关重要的合作，避免失误带来的严重后果。目前，对所有相关因素的调查仍未结束，我们希望能够通过心理学、社会科学和人类学的综合研究，对这一主题获得更清晰的了解与认知。然而，对于合作需要遵循的一些基本原则我们已经明确。特别是为了一段幸福的婚姻，遵守合作规则非常必要，因为婚姻是所有集体生活中最为亲密的生活方式，婚姻关系是两个人之间最为密切的社会关系。

人类在本质上是社会性的，人类的素质是社会交往的结果。与世隔离的人，例如，一个遭遇海难的水手独自在荒岛上生活了多年，会失去所有典型的人类素质。然而，对各种人际交往做出反应，是基于一种与生俱来的社会感。这是人类成百上千万年群居生活的结果，这种社会感作为一种潜力被继承下来，而且一定会在孩子身上获得新的发展，以达到我们当前文化中复杂的社会秩序所必需的高度。合作的能力主要是基于一个人在童年和成人后所形成的社会感的程度。

社会感即社会兴趣，它是人类彼此之间归属感的一种表达。缺乏足够的社会感会影响人与人之间的合作。同伴之间会很容易成为互相竞争的对手，由此产生的敌对情绪会阻碍彼此之间的合作，而社会感则帮助人们建立合作关系。

获得归属感的前提是要对别人有信心，能够得到同伴的理解与接纳，同时也要对自己有信心，这是获得一切力量的源泉，能够帮助我们坦然面对任何的不测。恐惧是合作的主要障碍。只要恐惧不挫败人类的本性，人类就会产生合作感，并以合作的态度行事。合作的欲望会被自卑感所抑制，这种自卑感会产生自我防御的冲动。通常情况下，在面对一种想象中的危险时，人们会采取防御态度，这种情况通常发生在个人威望受到威胁的时候。其实，每个人都想要合作，如果做不到，他们就一定会为此付出代价。

既然恐惧是合作的主要障碍，那我们要怎样才能避免出现恐惧呢？显然，我们可以通过建立安全感来实现。但安全感本身并不存在。死亡、疾病和灾难无时无刻不在威胁着我们的安全。我们无法建立安全感，因为我们无法完全控制这些因素对我们的威胁。然而，我们可以培养对自己以及对周围人的信心。使自己在他人眼中更容易被接受,并寻找更能接受他人的态度和方法。只有自信才能帮助我们应对那些超出自己控制范围的事情。勇气指的是在压力下表现出来的自信。勇气和自信是建立安全感的唯一基础,这种安全感在于我们能够认识到无论生活中发生了什么,我们都要以积极的心态,尽自己最大的努力去面对。

对待合作的两种态度——赞成和反对。
因此我们常常看到两组对立的品质或态度。

社会感	敌对
对他人的信任	不信任和怀疑
自信	自卑
勇气	恐惧

社会感是指对别人的信心,一个人如果对自己都没有信心,就很难对别人有信心,自信心往往通过勇气表达出来。社会感、对他人的信任、自信和勇气这四种品质是建立合作的基础,而它们的对立面,即敌对、不信任和怀疑、自卑和恐惧,则恰恰是导致不合作的常见原因。从这些基本的态度上看,我们一般将某些行为模式的结果看作是性格特征。仇恨、嫉妒、猜忌、专横、自负、贬损,这些都是个人用来表达自己不愿意加入社会团体的防御机制。另外,宽厚、善

良、慷慨和包容，则表达了合作的倾向。

人们对合作往往会产生两种误解：一种是认为怨恨可以改善现状，甚至认为怨恨是改善现状的先决条件。人们不了解怨恨的心理结构以及它的起因和结果，就很容易忽视这样一个事实：怨恨意味着一种对不喜欢事物的敌对情绪。这样的敌对情绪能够帮助我们改善那些让我们不满的现状吗？大多数人倾向于认为是可以的。他们可真是大错特错！积极的改变并不需要敌意。相反，敌对行为通常带来的干扰大于改善，因为它们会导致越来越多的摩擦和分歧。我们不会为了改善现状而产生敌意。只有当我们对成功失去信心时，敌意才会出现。只要一个人相信他能改善现状，他就不会怨恨。但当他对最终的解决办法产生了怀疑，怨恨也就开始了。虽然妻子可能不喜欢丈夫的某个习惯，但只要丈夫愿意做出改变，她就不会怨恨。她的怨恨是在表明她越来越气馁。因为怨恨是建立在恐惧和缺乏信心的基础上的，它会阻碍我们找到满意的解决方案。如果得不到别人的接纳，就没有办法实现任何改变。"接纳"这一术语同样需要澄清。

"接纳"不等于"认同"。如果我们只有在完全认可的前提下才能接纳，那我们接纳的空间就会变得微乎其微。没有人只拥有我们喜欢的性格特征，难道这样就意味着我们无法接纳任何人吗？接纳不仅仅意味着完全的一致，它还表达了一种对人和事物的积极态度，无论对方有任何的缺点和不足都无关紧要。我们影响他人的能力需要建立在友好和理解的态度之上。只有这样，我们才能影响他人，改善合作关系；只有这样，我们才能制定积极的解决方案，克服我们面临的障碍和挑战。如果丈夫觉得自己被妻子完全接纳，他会很高兴地按照妻子的想法进行自我调整，但如果他感觉到妻子对自己的怨恨和否定，他可能会完全按照相反的方向发展。

关于合作原则的第二个误解是：人们普遍认为，当双方利益发生冲突时，除了斗争或屈服之外，我们没有其他的选择。然而，无论是斗争还是屈服，合作关系都会遭到破坏，双方无一获利。屈服意味着服从、耻辱，以及最终的反叛和对抗。而斗争通常以压制和被压制而告终。这时，失败者会心生憎恨，而胜利者也会产生可怕的不安全感。当然，有些情况似乎需要斗争。但这种情况已经是以往敌对行为的后果。斗争永远不会让敌意消失。它只是暂时结束斗争而已。即使它带来了短暂的胜利，也只是为下一次爆发公开的敌对行动做准备。除非我们能够建立一种新的平等和互信的关系。

国家与民族之间的关系如此，父母与子女、丈夫与妻子之间的关系也是如此。我们这一代人中很少有人愿意以合作的精神来满足不同的利益。因为他们缺乏社会感、勇气和信心，所以他们才会错误地相信通过斗争或屈服就能找到解决问题的办法。我们必须采取适当的态度，在不损害当事人尊严和自尊的前提下解决争议。虽然人类已经经历了很长一段时间的群居生活，但我们仍然不懂得共同生活的艺术。人类社会在五六千年前就曾经出现过的民主,在当今仍然是一个难以实现的理想。心理学家和精神病学家希望可以通过对个体之间相互关系的分析和纠正来促进民主关系的形成。

关系是建立在互动基础上的

两个人之间的关系表现为他们初次见面后建立起来的一种平衡关系,这种平衡关系会受到周期性变化的影响。这些变化几乎不会改变两个人的关系结构,主要是相处方法的调整与改变。任何影响双方关系的事件,无论多么令人不安或多么令人愉快,都不仅仅是一方的问题。无论其中一方看起来是多么积极,另一方看起来多么被动,两个人都是在相互影响。折磨人的一方并不会比受折磨的一方更内疚或自责。因为被折磨的一方允许这个折磨的行为继续,甚至再次发生。如果没有顺从和屈服,婚姻中的残暴行为是无法维持的,人们的勇气和自尊会制止这样的行为发生。

不幸的是,很少有人能够认识到自己的问题,彼此双方都不清楚自己的行为对彼此的刺激和影响。因此,当家庭成员比较多的时候,如家庭中孩子较多或与其他亲属同住时,这种相互关系和互相刺激就会导致更加复杂的局面。其实,平衡关系一直存在,这种平衡由所有家庭成员之间无意识的默契维持着。如果群体中的一个人从根本上改变了他的地位、习惯、态度或性格,这种改变对家庭中的每一个成员都会产生深远的影响，尤其对那些与他存在某种竞争关系的人，影响最为强烈，这种竞争关系实际上是一种暂时的平衡。因为一般来说，队友之间通常都有一个共同的平台，他们可以站在一起。竞争对手之间的平衡状态往往非常微妙，这种竞争关系不断地受到挑战、不断地恢复，然后继续维持。这种平衡关系导致双方情绪和相处方法不断发生变化。因为每一方都会对另一方最轻微的变化做出回应。舒心和愤怒的情绪可能会随着彼此公开的接受或反对而交替达到极限。

不幸的是，这种混乱的互动关系是我们当今家庭生活的一个突出特征。在当今家庭生活中，相互竞争是男人和妻子、父母和子女、兄弟姐妹之间的典型人际关系。因此，不能从谁对谁错的角度"合乎逻辑"地理解每一个扰乱家庭和平的问题或冲突，我们必须从发生问题的人身上认识到这一问题的心理学意义。不管冲突是轻微的、琐碎的，还是决定性的、灾难性的，这些都没有区别。我们必须把逻辑内容与心理意义区分开来。而解决方案既要考虑到主体的心理结构，也要考虑到人类行为的一般规则。

逻辑价值与心理学意义

下面的这个例子十分常见，在所有家庭中都有可能发生。

丈夫下班回到家，疲惫不堪，他今天在办公室跟同事发生了一些争执，心情很不愉快。妻子一整天都待在家里，一直盼着晚上丈夫回来好陪她去朋友家做客。丈夫说不想去，他太累了。妻子也很委屈，反驳道："是的，我知道你很累。每次我想出去的时候，你总是说很累。这次你必须跟我出门。"二人争执不休。妻子可能会哭，也可能生闷气，丈夫最后可能会让步，收拾一番，和妻子一起出门。但不管他们是出去还是待在家里，问题始终没有得到解决。如果丈夫服软了，他就会觉得自己受了委屈。换个角度想，如果丈夫毫不妥协，那么他们可能会闹上一整晚。也许一个辗转反侧的晚上后，二人还是会争吵。

这件事情虽小，却能体现出典型冲突中的所有要素。显然，这次合作未能实现，但责怪丈夫或妻子中的任何一方都是不正确的。如果夫妻关系融洽，彼此就不会心生嫌隙，觉得对方不体贴。从逻辑上讲，两个人的诉求都是合理的，没有必要争论谁对谁错。如果夫妻之间相互理解，那么他们就可以根据对方诉求的重要性，轻松达成共识。如果去参加的聚会有意义，丈夫可以克服他的疲倦，甚至可能享受这段快乐的时光。如果丈夫非常疲惫、心情低落，那么贴心的妻子可能更愿意安慰丈夫，而不是叫他去拜访一些萍水相逢的朋友。我们很难判定聚会有多重要，也很难知道丈夫有多累，但双方争吵肯定不能解决问题。如果双方都愿意理解对方的难处，而不是总想着自己的事情，那么他们便更有可能达成一致意见。

然而，这个问题还有更深刻的心理学意义——也许是丈夫平常不爱与人交往，而妻子也没有在白天做些有意义的事情。也可能妻子是一个要求很高的人，她不满足于丈夫仅仅是赚钱养家，而是希望丈夫在闲暇时间全心全意地关注自己。那么，上面所描述的事件只不过是一个诱因而已，预示着接下来可能会爆发更大的矛盾。

无论矛盾何时爆发，双方第一时间做出的决定非常重要，他们要么选择利用这次矛盾来大吵一架，然后互相伤害，或者双方真诚地尝试解决问题。如果双方倾向于吵架，那么在他们自我反省之前，这件事肯定还是得不到解决。在这里，我们遇到了阻碍婚姻幸福的拦路石：认为只有争吵才能获得自己想要的。所以双方会不断地责备对方，激动不已，时刻准备着再干一仗。比起寻找解决问题的方法，双方更愿意陷入争吵，努力证明自己是多么"正确"。

无论争论的结果是输还是赢，都毫无意义。真正有帮助的是"社会感"，即相互归属的感觉，它能让所有矛盾都成为双方共同面对的问题，而不是丈夫想要干什么，或者是妻子想要干什么的问题。社会感营造了一个属于"我们"的氛围，丈夫和妻子只是其中的一个部分。

矛盾冲突为双方提供了一个通过共同努力加强合作的好机会，从而让双方创造一个彼此舒适的和谐状态，在上面的例子中，无论出去还是留在家里，都能够让夫妻二人达成统一意见。彼此信任可以增强二人互助合作的意愿。如果丈夫把自己的难处讲给妻子听，让妻子做决定。那么妻子就更容易考虑丈夫的难处而不是她自己的私欲。对于孩子们的教育也是这样，如果父母习惯征求孩子的意见，让他们自己判断应该怎么做，他们就不会固执己见了，而是会心甘情愿地为别人考虑。成年人也是如此。

强扭的瓜不甜

许多人都认为武力能够解决一切问题。就像他们经常对自己的孩子所做的一样，如果武力不能解决问题，他们便会从道德或精神上开始施压。在这里，我们必须认识到武力制裁暴露出来的咄咄逼人的缺点，与非暴力压制带来的消极抵抗形成了鲜明的对比。主动施压意味着对别人的不尊重，而消极反抗则很少是强加于人的，但它也仅仅保留了对自身的尊重。古罗马人对合作规则有着完美的理解，他们要求只有在两国领事达成一致意见的时候才能够采取行动。一国的否决权比他国的要求更具影响力。如果一方表达出不喜欢某个东西，即便另一方再喜欢也无济于事。家庭生活也应如此。在我们上面的这个案例中，妻子想要外出访友，而丈夫则希望待在家里。也就是说，她想要做一件事情，而他不喜欢。此时，丈夫否决的权利应该比妻子的要求更具效力。相比妻子克制自己做喜欢做的事，对丈夫来说，做他不喜欢做的事显然更加困难。

不幸的是，现今社会，很少有人使用这一古老的否决权决定论，因为大多数人都分不清强人所难和委曲求全到底哪一个更不容易。一旦他们得不到自己想要的，就会觉得自己被虐待或遭到了胁迫（这就是那些娇生惯养的孩子最典型的态度。然而，现在的很多成年人也总是持有这样的态度，这恰恰说明了他们实际上都还没有长大）。如果夫妻二人发生了利益冲突，我们有一个很好的忠告，那就是让他们都做自己想做的事情，不要强迫别人，同时也不要让自己被别人强迫。然而，我们发现人们往往很难认识到两者之间的区别，更无法践行这个原则。他们总是让自己陷入两难的境地，殊不知问题背后的根源在于人们彼此之间缺乏对对方的尊重，这在关系亲密的人之间最为常见。尽管他们彼此都毫无疑问地深爱着对方，都愿意为对方做出牺牲，但他们就是做不到相互尊重。

互不尊重的根源

人们总是对自己的家人缺乏足够的尊重，导致这一问题的原因有很多。不论原因是什么，最终都可以归结到两个问题上，一是内心的恐惧，二是个人的自卑。我们总是喜欢对自己身边的家人指指点点，说三道四。这是因为我们自己也身处其中，是他们中的一分子。他们身上的缺点恰恰反映出我们自己的价值和地位。我们为他们的过错感到羞愧，仿佛犯错的是我们自己。如果我们对自己的价值和地位更有信心，就能更容易地接纳自己和家人的缺点，因为我们并不会觉得这些缺点会影响到我们的价值和地位。一个自信的人能够以正确的视角看待错误、问题和缺点，而不会过分地把这些缺点看作是对自己社会价值的考验。因此，尊重家人就是尊重自己。一个人越是害怕自己在外面被人羞辱，他对自己的家人的不完美就越敏感。此外，如果一个人对这些缺点感到束手无策，那么他就会产生怨恨心理、郁郁寡欢，或者以暴力来表达自己内心的怨恨。两种做法都会导致他们不尊重他人的尊严和贡献。

在许多家庭中，人们之间缺乏尊重的另一个原因是我们人际关系中存在的竞争状态，它既存在于外部环境中，也存在于亲密的家庭关系里。我们前面已经说明了为什么当今社会的夫妻常常视彼此为竞争对手。就连孩子们之间也是如此，大都存在着竞争关系。孩子们为了获得父母的爱和关注而战。每个人都认为对方对自己的地位造成了威胁，进而产生了一种深刻的竞争意识，并努力想要战胜对方，从而给家庭生活带来了更多的不安和摩擦。父母和子女之间也同样存在着竞争。两代人之间为了家族的声誉和威望而进行家庭内部的斗争。在一个缺乏安全感、缺乏个人肯定与欣赏的世界里，父母们自然希望保持自己的优越地位，让孩子们更加乖巧听话。许多父母都无法意识到自己的行为会导致孩子的敌意和反抗，这些行为往往被伪装成过分的溺爱和令人窒息的亲密关系。与尊重和尊严相比，羞辱和崇拜更能破坏父母与子女之间的关系。我们对待自己的亲人、孩子、父母应该像在社交场合中对待不经意遇见的熟人一样，这样反而会让我们的家庭关系更加融洽。我们都受过相当好的教育，可以礼貌地、相互尊重地对待社交场合的熟人，即便是与对方有利益冲突，我们也可以很好地解决。那么我们为什么不能把这些技巧和知识用在自己的家里呢？

亲密关系会妨碍两个人的友好相处

两个人即便是一家人也不能保证彼此能够一直友好相处。而且并不是说两个人结婚后就不再需要彼此示好和相互取悦了。老话讲：追到电车后再继续奔跑就没意义了。这是非常错误的观点，婚姻恰恰相反。亲密关系需要彼此之间更多地关心与理解，这样才能使两个人的友谊和爱情得以持续。与那些我们很少碰面的人相处反而会更容易一些。毕竟距离产生美。而在婚姻中，即使对方蓬头垢面、不修边幅，我们也要接受彼此。为什么我们总是喜欢费尽心思去吸引那些陌生人或是普通朋友而不是那些我们最在意的人呢？父母对孩子也犯了同样的错误，他们总是以生养了孩子为由，期待孩子毫无保留地爱他们。事实上，孩子对父母的爱与尊重，需要他们自己不断努力才能重新获取。家庭气氛是否融洽可以通过很多方面呈现出来。父母和孩子称呼对方时的语气能够体现出他们之间是彼此友好、相互尊重的，还是彼此争执、相互羞辱、暴力的。我们应该竖起耳朵，擦亮眼睛，仔细寻找这些影响家庭和谐的微妙迹象。不幸的是，当我们在跟别人沟通时总是听不到自己的声音，看不到自己的问题。如果谁能搞出一个让我们能听到自己、看到自己的问题的发明，一定要给他颁一个诺贝尔和平奖。

胁迫他人是内心不坚定的表现

善良的人不一定内心坚定。然而，一个人只有在对自己非常有信心，对自己给别人留下的印象非常有把握的时候，才会变得善良，同时才能获得最后的成功。坚定需要自信，但并不意味着强迫别人。我们越不坚定，越不自信，就越倾向于胁迫和强加。家庭中经常会看到互相胁迫的情景。当然，我们并不是故意把恐惧强加给他人，但我们这么做肯定是因为我们自己内心是恐惧的。就像两个男人三更半夜在漆黑的街道上不期而遇，都害怕对方想要抢劫自己，却不会想到对方也在害怕得瑟瑟发抖。许多夫妻也是如此，他们长期生活在恐惧中，害怕被忽视，害怕不被赏识，害怕被支配或虐待，害怕受挫或受辱。他们会秘密地向第三者透露他们的恐惧，但他们很难相信，其实另一方也这样担心和恐惧。没有人会注意到对方的恐惧，特别是在对方处于优势地位时。我们都倾向于认为别人比我们优越，或者至少想要比我们优越。当然，我们会认为所有的"战争"和使用的"武器"都是对方带来的。我们总是觉得自己充满善意、人畜无害,却想不到别人很可能因为我们的言行不当所进行的正当防卫。

把逻辑当作一种武器

所有夫妻的争吵从本质上看都是大同小异。当你听到一对夫妻吵架,你肯定认为最后说话的那个人是对的。实际上,他们都是对的,或者至少他们认为自己是对的。否则,就不会吵架了。逻辑理论成为他们用来吵架的武器。所有参与争论的人都是如此,各有各的道理。但从根本上说,吵架从来不是对或错的问题。吵架的人要么让人开心,要么让人愤怒;要么同意对方的观点,要么反对对方的观点。争论的焦点通常并不重要。只有在双方的合作受到干扰,每个人都想转嫁责任时,他们才会开始争论谁对谁错。人类在为自己的行为寻找理由时显得尤为聪明、特别熟练,他们诡计多端,总会以各种方式挑衅对方,煽动对方采取更激烈的行为,最后将这种暗地的较劲变成了公开的对决。

难舍难得

想要令人愉快,方法很多,一学就会,但我们却很少有人这么做。只要我们愿意,我们完全有能力让别人身心舒畅，让自己得到别人的喜爱。尽管一些人总是受到打击、身心俱疲，但他们还是无比地渴望能受到他人的欢迎。我们都有成百上千种表达爱意、吸引别人对我们心生爱慕的方法。但在家庭生活中，我们却总是强调婚姻的权利，总是想着获得而不是给予，否则我们会觉得自己吃了亏。如果我们没有得到自己想要的，或者没有得到我们认为自己应该得到的，我们就会惩罚别人，殊不知这样做会大大挫伤他人做本职工作的意愿。

推卸责任

我们大多对自己不够了解，不愿意承认自己的真实意图，看不到自己的立场，意识不到自己的挑衅行为，这样怎么能确定自己是否违反了合作的基本原则呢？以后还怎么遵循这些原则呢？我们只有在认识到自己行为的结果后才能正确地评价自己。只有这样，我们才可以确定自己到底是在挑起更多的事端，还是在促进双方更好地理解。在这个过程中，我们需要放弃成见，不要将所有的问题都推卸到他人身上，也不要自责，这些都是无济于事的。责备、借口、抱怨，意味着气馁和怨恨。一旦我们在自己身上发现了这些倾向，就意味着我们要违反合作原则了。实际上，我们的情绪是非常好的指示器，我们应该用它来帮助自己了解内心的真实意图，而不是愚蠢地将它看作是对外界刺激的自然"反应"。当我们开始为自己的情绪负责，我们就无法再像以前那样轻而易举地找到借口为自己的行为开脱了，但同时也意味着我们获得了掌控全局的能力。当我们意识到敌对情绪其实是蓄意发起战争的导火索，我们就会下意识地对自己的生活进行重新定位，对生活状况和家庭成员进行重新评价，从而帮助我们生成新的情绪，慈爱、勇敢地面对生活的挑战。如果我们能够正确地理解自己的情绪，就不会再以缺少激情为借口来推卸责任，而是勇于面对挑战，培养新的社会兴趣。

一个人一旦不爱他的另一半了，总是能说出许多理由。有位女士抱怨说，她不再爱她的丈夫了，原因是她的丈夫完美无缺。"你无法想象和一个完美的男人生活在一起有多可怕。我真的再也受不了了。哪怕他犯一次错！哪怕他对我发一次火！我都能接受，但是他从来不这么做，不管我做什么他都接受，就算我什么都不做也没关系。他从不生气。你能和一个完美无瑕的天使一起生活吗？"虽然这听起来难以置信，但我们却经常听到这样的抱怨。由此说明了一个问题，那就是如果一个人想要寻找"彼此不合适"的理由，他总是能找到。"没有缺点"和"缺点太多"都可以成为"夫妻不和"的理由。

因此，问题来了：个人的过错是不是婚姻问题的真正原因？我们真的会因为某人的过错而拒绝他吗？我不赞同这种说法。只要我们爱一个人，他的缺点就无关紧要；一旦我们对他没感觉了，他的缺点只不过恰好为我们提供了一个拒绝他的理由而已。这些缺点以前也一直存在，只不过以前这个人比较符合我们的期望，所以缺点就被忽略掉了。那么我们为什么又要拒绝彼此，给自己和他人带来无尽的痛苦呢？答案很简单，那就是我们太把自己当回事儿了。这种过度的自我严重影响到了我们婚姻的幸福和彼此的合作。只要我们觉得自己被认可、被欣赏、被崇拜、被宠爱着，那么一切都好，一旦我们感到了自卑或受到了不平等对待，就连最亲密的朋友也会变成敌人。

这种自卑的感觉一般无根无据，但它会产生一种补偿心理，即一种优越的状态，这在很多方面都能够显现出来。在所有人眼中，受到迫害的一方，显然是自卑和屈辱的，但他们总能从中为自己找到道德优势。遭受肉体和精神折磨的人会觉得自己的"精神境界"获得了提升。因此，遭受折磨和施加折磨的人在权利的分配上获得了平衡，并能够在这个基础上愉快地相处。一方享受着外在的主导地位，另一方则享受着自己内心的正义。如果施加折磨的一方表现出些许的善良和体贴，遭受折磨的一方反而会立即表示反对和拒绝，因为对方的体贴会破坏他们之间的平衡关系。当然，这种情况属于极端状态。但我们必须牢记，互相接受意味着双方接受了这种平衡状态，在平衡状态下，双方都可以通过自己的方式弥补自己犯下的过错。矛盾绝不仅仅是由外部因素引发的。一般情况下，经济、社会压力或意外的发生往往会让夫妻彼此更加地恩爱。如果夫妻之间的平衡因这些磨难而动摇，那么他们之间就会心生嫌隙。大多数情况下，这些磨难并不是婚姻问题的根源所在，它们只不过是对夫妻二人合作能力的考验。夫妻之所以会把隐藏的冲突和怨恨公开化，这表明双方的归属感不足，他们不但不愿意在艰难困苦的时候同舟共济，还在不断地寻找机会，把失败的责任推卸给对方。

做情绪的主人

人们一般都只会在因自己的缺点不足而痛苦不已的时候，才会去挑剔别人。所以，我们才会对别人的缺点特别感兴趣。通常情况下，我们与生俱来的社会兴趣能够让我们看到并享受我们同伴身上的优秀品质。人无完人，同样，人人都有优点。我们更愿意看到一个人的缺点还是优点，表明了我们对这个人的态度。人类是这样，生活亦是如此。我们的生活是如此丰富多彩，所以我们可以任意挑选出自己想要的东西——无论是好是坏。因此，我们不必在意生活中到底是快乐多一些还是烦恼多一些，我们在生活中或是在某个人身上发现的好与坏都只是我们个人心态的反映。

我们是烦恼厌弃还是坦然接纳完全由我们自己来决定，以下这个事例就很好地说明了这个问题。

这位患者的婚姻生活非常奇怪。夫妻二人都很年轻，但是他们已经很久没有夫妻生活了。丈夫说，他的妻子根本无法勾起他的性欲，实际上，他根本不喜欢她。丈夫从不隐瞒自己在外面有个情人，他甚至还会向他的妻子吹嘘他跟这个情人是多么恩爱。我们不禁好奇，他跟他的妻子是如何做到即便如此还能在一起生活的？他们之间的这种平衡是如何保持的？这位丈夫有一位姐姐，他自小就在与姐姐的竞争关系中长大。所以，他从小的时候开始就不断地想要展现他的"男子气概"。不幸的是，他想成为一个"男子汉"的愿望从来就没被满足过。他的父亲非常强势，尽管他总是极力想要模仿自己的父亲，但始终无法实现，每次模仿都让他觉得自己实在是太差劲了。结果，他慢慢地养成了一种奇怪的行为习惯，即压迫或诱惑别人屈服于他各种异想天开的要求，并小心谨慎地掩盖自己内心的自卑情绪。当他发现一个女孩深深地爱着他，为了他甚至可以不顾一切的时候，他便早早结婚了。这个女孩非常能干，为他打造了一个舒适的"圣殿"，还把他当作神一样侍奉。

然而，过了几年，他开始变得忧郁烦躁，厌恶这样的关系。这个女孩作为"圣殿"的最高领袖，开始对他各种施压，这当然是为了他好，但他却觉得自己受到了胁迫。女孩对他的关心让他非常反感。她总是站在道德高地威胁着他，这增加了他内心的恐惧，他讨厌被人管制。突然有一天，他决定离开他的妻子。这时，她变得歇斯底里，甚至跪在地上，抱住他的双腿，恳求她的丈夫留她在身边，哪怕做他身边的奴隶都可以。丈夫可以做他想做的任何事情，只要他能让女人留在他身边服侍他。于是，他的优越感保住了，他留下来了。丈夫为了试探自己的权力，不顾妻子辛苦打扫的干净屋子，穿着脏鞋走进房间。他还故意做很多让她反感的事情。丈夫的这些行为伤透了妻子的心，但她还是默默地忍受着。他还跟其他女人出去约会，并告诉妻子自己都做了什么，炫耀自己是多么成功。妻子渴望得到丈夫的爱与关心，他却偏偏不让妻子称心如愿。

在治疗过程中，这个丈夫明白了自己对优越感的理解是完全错误的，同时也认识到自己不该逃避外界的压力。他的这些错误观念导致他出现了严重的神经官能症，以至于不得不求助医生才能缓解。有一天，他突然来到我们这里，显得非常惊讶和感慨，他说他没想到自己昨天晚上竟然和妻子发生性关系了。他不明白，多年来自己为什么会如此地讨厌妻子，为什么不愿意和她发生肢体接触。到底是什么让他突然感受到妻子的魅力了呢？是妻子发生改变了吗？显然不是。是丈夫改变了，不只是他对妻子的态度，他对整个生活的态度都发生了改变。所以他对妻子的看法也变了，他愿意重新做出承诺，不再害怕失去自己的优越地位。从这一刻起，他们的夫妻关系终于恢复正常了。丈夫也不再跟他的情人们约会了，他再也不需要她们的倾慕甚至礼物来证明自己的优越地位了。

婚姻不是天堂

世界上没有任何一对夫妻能够做到永远不吵架，时时刻刻都意见一致、相互合作。当面临一些复杂或几乎无法解决的问题的时候，没有人能够做好充分的准备。许多人把外面世界的不安和忧虑带回家中，再以更加焦虑、不安的状态回到这个世界。很多人都希望在婚姻中寻找避风港，但这是不可能的，希望越大失望就越大。很多人认为婚姻能够帮助他们解决生活中的很多问题，这种观点是非常错误的。婚姻不是避风港，不是灵丹妙药，而是一项艰巨的任务。很多人，尤其是女性，她们对生活感到失望，日子过得不顺利，就希望通过结婚来逃避问题，最后等来的只能是梦想的幻灭。在过去，女人总是靠结婚来解决实际问题。没有丈夫的女人，没有任何的价值。结婚是女人的头等大事。当今社会情况完全不同了。对于一个生活受挫的女孩子，劝她结婚实际上是在害她。一个人如果不能胜任工作，无法承担起社会责任，那她即便是结了婚也会遭遇失败。因为婚姻关系是一种非常亲密的人际关系，需要两个人极为密切的合作。我们并不是不鼓励人们结婚。在婚姻生活中，没有性爱的婚姻关系难免会让人更加失望。而且，在焦虑和怯懦的状态下，无论人们做了什么决定，最终都是要付出代价的。一个人无论是想要逃离婚姻，还是想要把婚姻当作避风港，怯懦感就像诅咒一样与她如影随形。如果她之前没有具备面对困难的勇气和一定程度的社会感，他就需要下意识地去培养这方面的能力，只有这样，未婚的人才能做好充分的准备去面对婚姻，已婚的人才有能力去经营好自己的婚姻。

精神状态很重要

对于如何过上幸福的生活,似乎再具体的建议也没什么用。许多书都建议我们什么该做、什么不该做,可惜的是,无论这些建议多么好,一般都无济于事。一个有社会感的、勇敢的人不需要别人的忠告,而一个内心恐惧、充满敌意的人即使面对最好的忠告,他也不理不睬。因此,在这一章节中,相比具体的应对技巧,我们更多地强调个人情感态度的重要性。光凭方法、技巧并不能保证我们婚姻的幸福,那些用来处理经济、社会或性问题的方法无法帮助我们解决婚姻的问题。所以我们才会说:精神状态比方法、技巧更重要。合作的意愿可以帮助我们克服所有的障碍,缺少了这种基本的意愿,即便再小的障碍也难以突破。无论面对多么严峻的挑战,无论这个挑战来自婚姻内部还是来自外界,夫妻之间的归属感都可以增强他们彼此应对困难与挑战的能力。任何建立在个人信仰和自信心基础上的人生观(不论是宗教的还是世俗的),都能提高人们和谐互助的能力,进而营造一种仁爱、包容的家庭氛围。那些曾经被错误地认为是影响夫妻关系的问题,对我们来讲恰恰是一种考验,能够帮助我们看清自己错误的观点和态度。

第6章

嫉妒

嫉妒与性关系密切，两性问题在当今社会是非常流行的话题，因此我们有必要对这两个问题进行澄清。"忠贞"与"占有"这两个词有着丰富的内涵与外延意义，这使得它们常常对夫妻关系造成干扰，引发了一系列家庭矛盾，严重影响着夫妻双方的相互理解与和谐相处。嫉妒不仅仅体现在男人和女人之间，男人和男人之间、女人和女人之间也有嫉妒，嫉妒不仅仅引发了人与人之间的竞争，还会不断地加剧这种竞争关系。对嫉妒的研究让我们有很多机会来探究婚姻问题的根源，以及矛盾双方不同的思维逻辑和心理动机。因此，我们可以以这一话题为起点，深入探讨婚姻问题的本质。

嫉妒是爱的表现吗？

人们普遍认为嫉妒和爱是密不可分的，只要有爱就会有嫉妒。嫉妒常常被用来衡量爱一个人的程度，很多人只有在嫉妒的时候才会意识到自己原来一直深爱着对方。对他们来说，爱情最大的力量莫过于嫉妒所带来的辛酸和痛苦，这种感觉让他们刻骨铭心。他们没有意识到，自己要和伴侣经历多少次愤怒、争执和对抗才能发现对彼此的爱。很少有人能摆脱嫉妒之苦，也几乎没有人能理解它的真正含义和本质属性。一旦我们被嫉妒所控制，我们就丧失了最基本的常识和判断力，即使在我们恢复了神智和正常的判断力之后，我们也无法理解它的本质。

敌对情绪的本质是要阻碍人们承认这些情绪背后的真实意图，因为这些意图无法让我们维持自己的体面与尊严。我们做了最恶劣的事情——伤害自己所爱的人，并寻找借口为自己的行为开脱。为此我们甚至还引用了最广为接受的价值观：爱、忠诚、贞洁和信任。嫉妒的人认为自己之所以会心生嫉妒是因为自己过于看重这些伦理道德，但忽略了最基本的人际交往原则——相互尊重。

其实，即便没有爱情，我们也会嫉妒。无论是在朋友之间、家庭成员之间，还是在两个没有任何情感倾向的人之间都是如此。对对方稍感兴趣的男人和女人，即便彼此之间没有任何深入的了解，也会产生嫉妒。一个女孩吸引了许多追求者，如果其中一个追求者同时也被另一个女孩吸引，那么这个女孩就可能会心生嫉妒。但也有相反的情况，有时候女人的不忠并不一定会让她的伴侣心生嫉妒。许多男人反而会因妻子能够博得其他男人的欢心而更加爱她。嫉妒的心理机制非常复杂，与是否忠诚根本没有直接的关系。

关于忠诚的问题

忠诚是婚姻的重要问题之一。尽管忠诚被认为是一个必须遵守的原则，是婚姻幸福的先决条件。但现如今，忠诚比以往任何时候都难以实现。在历史上的某个时期，通过严格的法律（妻妾制度）或残酷的手段（奴隶制度），可以强行占有女人的身体。但即便是那个时期，一丝一毫的不忠都有可能导致对方产生强烈的嫉妒心理。然而，在当今社会，无论在身体上还是在精神上，谁都没有办法完全占有一个人。伴侣的忠诚度是没有任何保障的，人们甚至还曾一度质疑人类是否能够做到忠诚，尤其怀疑男性是否能够坚持做到一夫一妻制。科学家们甚至还提到了两性的生理差异，即男人一年之内可以连续生育无数个孩子，但在生理条件的限制下，女人一年只能生育一个或两个孩子，除非出现多胞胎等例外情况。尽管以生理差异为由，对男女进行心理机制划分的做法一直饱受争议，但人们还是经常用它来证明男性特权的合理性。

不可否认，两性之间确实存在着一定的生理差异，但这种差异跟社会习俗并没有多大的联系。一个男人一次生五十个孩子的能力并不具有任何的实际意义。他可以压抑对四十九个女人的欲望，把最后一次欲望留给那个他最想要的女人。女权主义者认为女性也应享有纵欲的权利，她们还指出，从生理角度来说，女性比男性能提供更多的性满足。我们必须记住，人类的生活方式不是由生理需求或生理冲动这样的自然力量所支配的，而是由社会习俗所支配的。因此，一夫一妻制与人的生理结构无关。一夫一妻制的发展源于人类文明的建立与种族的隔离。在人类的进化过程中，逐渐形成了"个体"的观念，它与群体、氏族部落、亲族同胞完全不同。人类的进步意味着"个体"观念和"个体"动力的确立和发展。一夫一妻制的结果是两个个体之间最牢固的结合。而当时的社会条件，特别是古代社会的爱情观，赋予了男人一夫多妻制的权利，让男人享有至高无上的特权。

在过去的几个世纪里，人们一直把一夫一妻制看作婚姻的理想状态。尽管我们的社会还无法完全实现这样的制度，但这种永恒的、牢不可破的奉献和忠诚一直得到人们的维护和追崇。不仅社会习俗和道德规范推崇一夫一妻制，人类内心对夫妻之间完整而持久的结合也有着强烈的渴望，因此他们早已将一夫一妻制提升为人类的梦想。然而，还是出于心理原因，尽管当前社会法律有一夫一妻制的规定，并有权对其进行监督，但它在真正意义上仍然是一个梦想，而不是现实。

为什么不忠？

人们对忠诚的本质缺乏足够的认识，因此对这一问题始终心存疑惑。从唯物主义观点来看，忠诚是指身体上的贞洁，如果一夫一妻制在现今社会条件下能够得以遵守，那么所谓的忠诚就是一种态度，这种态度需要我们对其进行复杂且特殊的区分。如果一个人出现了不忠于婚姻的行为，那么这个行为到底是从什么时候开始的呢？对此，人们之间存在着很大的争议。有些人倾向于把热情的握手或深情的凝视看作不得体的行为。另一些人则不然，在他们眼中，一次亲吻或是一个热情的拥抱，都是稀松平常的事情。如果我们把梦境和人的思想都纳入考量范围，那么恐怕很少有人能达到忠诚的标准。很多人在精神上渴望贞洁，但在心理上却无能为力。其实，精神上的理想愿望与肉体上的无能为力恰恰体现出了我们内心的矛盾。但这是否意味着我们必须战胜自己的天性来保持忠贞呢？有些人的确这样认为。这些人相信，一味追求无法满足的性冲动与维护贞洁的社会责任是不可调和的两个对立面。事实上，正如我们前面所提到的，对性多样性的渴望就像对一个人忠贞不渝一样，与人们的社会志向密切相关。人们内心压抑已久的敌对、恐惧和反抗心理阻碍了他们对某个人或某件事情的深入奉献与投入,并产生了这种性多样性的渴望,其实他们的这种行为并不是源于性冲动,而是他们内心的敌对与反抗心理利用了他们的性能力来达到反社会的目的。"脆弱的肉体"是人类的社会情感受到限制的一种表现。即使是现在,在我们所生活的这个世界,人类还是难以实现人与人之间的密切合作,难以形成克服困难的勇气,人们的内心依旧没有归属感。危害人际关系的心理因素阻碍了人与人之间无条件地合作和无保留地相互接纳。这些因素使得现在真正的一夫一妻制成为一种例外。

我们很容易受到外界的诱惑。这些源于我们内心深处的失望、争吵和敌对情绪,在婚姻中经常发生。对性多样性的渴望并不是偶然产生的,它总是与婚姻冲突直接相关。当一个人对他的爱情感到失望,想要退出或是惩罚对方,或者想要展示他的性别特权时,他就会产生"想要多个伴侣"的倾向。所有在婚姻中得到充分满足的人都不会再对他人动心思。但是,由于我们爱一个人的能力会受到失落和痛苦等情绪的阻碍,所以几乎每个人在生命的某段时期都会有对变化的渴望。特别是随着年龄的增长,我们渴望证明自己征服他人的能力,以及获得胜利的快感,这种欲望常常会导致我们对其他体验的向往。离婚即人们通过法律途径来表达内心的这种向往。它让人们可以在不违反一夫一妻制的原则下,获得新的生活。

男女之间是否存在纯粹的"友谊"？

此时，我们似乎是要开始讨论柏拉图式的友谊了。这个问题提出的频率如此之高，表明了人们内心普遍持怀疑态度。当然，这种友谊势必存在障碍。因为如果一个男人和一个女人彼此倾心，有许多共同的兴趣，相互感到亲密和友好，性关系便自然而然地发生了。一旦发生了这种情况，我们就不再说这是友谊，而是爱了。

区分爱情和友情是一件很奇怪的事，就好像它们相互矛盾似的，又似乎在说真挚的爱情不包括友情。然而，当我们说到两性之间的友谊，通常指的是一种柏拉图式的男女关系，没有明显的性吸引力。弗洛伊德的精神分析学派认为，任何类型的情感相通和志趣相投，即使是在两个同性的人之间，都是建立在所谓的潜在性欲的基础上的。这个理论受到了非常大的挑战。它确实没有给人类友谊留下任何空间。这没能解释单纯的人类关系和性关系之间的显著区别。

在没有性兴趣的前提下，男女之间拥有亲密的个人关系的可能性到底有多大？这个问题似乎只有在我们认识到自己是个人情绪的主宰者，能够根据自己的喜好创造或抑制任何一种情感时，我们才能回答这个问题。实际上，我们可以与同性或异性建立任何类型的人际关系。我们既可以让自己产生生理反应，又可以压制这种生理反应。例如，当一个男人和一个女人都有自己的恋爱对象时,他们之间就可以发展出纯粹的友谊。看起来这似乎是柏拉图式友谊最有利的条件。但事实上,只要双方都决心不把对方当作性欲满足的对象,任何异性之间都可以发展出没有性欲干扰的友谊。

然而,这一事实并不能阻止丈夫或妻子心生嫉妒,怨恨他的配偶和其他异性之间的真正友谊。他们会提到自己的配偶不忠,这其实只是一个方便的借口,因为嫉妒并不局限于性范畴;嫉妒也可以由配偶的其他家庭成员。配偶的其他兴趣,甚至是配偶的工作所引发。因此,单纯是异性之间的友谊并不会破坏或危害婚姻的和谐。丈夫和妻子只要彼此相互信任,就可以维持好他们之间的友谊,前提是任何一方都不想完全占据另一方。

如何应对伴侣的花心?

如何忠诚于对方是夫妻共同生活中严重棘手的问题之一。不幸的是,我们不仅对我们的伴侣,甚至对我们自己都没有足够的信心。只要夫妻双方有信心共同面对,那么任何问题都无法影响婚姻关系。不忠的问题并不容易解决。但是,只要双方都有信心、有勇气寻求解决问题的办法,无论问题有多难,双方都可以共同解决。夫妻遇到的问题越严重,他们的关系就会越密切,因为在面对挑战的过程中,他们相互鼓励;在解决问题的过程中,他们越来越理解对方。

一旦危机解除，二人之间的互相帮助和理解会让他们对对方心生感激，加深彼此的归属感，这对他们来说至关重要。

许多人认为当配偶出现调情的行为时，嫉妒心自然就产生了。他们别无选择，只能故意闭上眼睛，保持沉默。这样的做法看起来可能确实比较舒适，但并不能解决实际问题。他们似乎忘记了一点，即嫉妒心并不能解决任何问题。因为，嫉妒不但没能带回深陷迷途的配偶，反而会加大他们彼此之间的距离，影响二人的团结。猜疑和恐惧会不可避免地产生敌对情绪，让原本就复杂的问题更加严重，让配偶更加肆无忌惮地寻找婚外情。

那么，面对失去伴侣的风险，难道我们要选择视而不见？允许伴侣的不忠？没人会给出这样的建议。但这两种危险情况都不能通过嫉妒来解决。举个例子：一个女人总是害怕她健康的丈夫有一天会死去，并开始设想他每一个微小的病症都存在潜在的、可怕的并发症。我们很容易就发现这样的想法简直太愚蠢了。显然，她的恐惧其实是在表达内心的不安，而不是对遥不可及的损失担忧。嫉妒也是如此。失去配偶的恐惧本身并不会引起嫉妒。即使真的失去了配偶，也不会引发嫉妒。一个人的妻子离开了他跟另一个男人走到了一起，于是他深陷痛苦无法自拔，他可能坚持认为自己离开了妻子就活不下去，并以此来为自己的失落情绪寻找借口。其实这种信念本身就是错误的。如果你问他：你的妻子要是去世了，你会怎么办？他就会知道自己并不是真的离开了妻子就活不下去。他可能会说,他不敢想象这种事情会发生,那简直太恐怖了。但是,这时他可能会发现,他对她的爱其实是一种强烈的占有欲。他宁愿妻子死了,也不愿意她跟别人在一起。

不忠通常只是一种隐忧,如果你过度地焦虑,那么每当你的丈夫多看别人一眼,你可能就会觉得那是致命的危机。那些带有不忠倾向的细微动作可能会像普通的感冒一样频繁地发生,但与此同时,它所带来的影响也像普通感冒一样无关紧要。当然,它确实可能会引发致命的肺炎,但大多数情况下都不会这么严重。如果你刚一看到对方鼻塞就让他卧床休息,或者他的体温稍微升高一点你就冒着大雨送他去医院,这些都说明是你过分紧张了,都是不明智的做法。一次普通的感冒只需要适当的护理即可,忽视或过度焦虑都是有害的。带有不忠倾向的细微动作实际上都是"小病",忽视或过度焦虑都会让病情恶化。一个聪明且善解人意的伴侣会找到许多巧妙的方法将陷入迷途的伴侣吸引回来,而不会压抑他所追求的自由和独立。因此,面对伴侣不忠的问题,嫉妒既没有帮助,也没有必要。

如果担心失去伴侣和担心伴侣的不忠并不是引发嫉妒的直接原因,那嫉妒的真正原因到底是什么呢?为了能够深入理解人类各种复杂的情绪,我们必须用心去观察与发现人类行为的实际结果,并由此判断这些行为的真正目的。嫉妒无法阻止伴侣的离去与不忠。因此,从心理学角度来看,嫉妒与伴侣的离去和不忠没有任何关系。但是嫉妒实际上能达到什么样的结果呢?

嫉妒的目的

伴侣的不忠使我们的情绪失控,让我们坚定地认为我们是对的,是伴侣做错了事情。因此,我们很难接受对我们内心嫉妒的心理学解释。嫉妒可能有不同的含义,每一个含义都取决于嫉妒的最终目的。嫉妒会让我们产生各种不安的情绪,这些不安的情绪会导致我们在人际交往中做出一些不当言行。通常来说,人们之所以会产生这些不当的言行,往往是出于以下四种原因:

为自身的缺点寻找借口

吸引关注

获取权力

报复

为自身的缺点寻找借口

自我怀疑是嫉妒的一个重要原因。只要我们对自己的做事能力以及个人魅力有足够的信心,我们就永远不会嫉妒。对于一个勇敢的人来说,他们对自己的能力非常肯定,并且相信自己能从容应对危险。因此，再艰难的处境都不会让他产生怀疑和恐惧。我们之所以心生嫉妒，是因为我们怀疑自己没有给予伴侣足够多的爱与关心，没能满足他的需求。我们担心别人更能满足伴侣的各种需求，于是心生嫉妒，从而不断引发争吵和失望，且越发地怀疑自己在对方心中的位置。而这种自我怀疑最终还会继续加剧我们心中的嫉妒。于是，自我怀疑引发了一个恶性循环。而嫉妒则是这个循环链上每一个节点的纽带，让我们越来越充满敌意、争强好斗。其实，以我们的理解能力，我们应该能够认识到：要想改变现状，就必须改正自己的缺点。但我们却总是缺乏足够的勇气，不愿承认自己身上的缺点。每次在我们害怕自己无法做得更好的时候，我们总是需要通过嫉妒这一情绪来寻求心理安慰。而且，自相矛盾的是，当我们知道自己不够好的时候，嫉妒只会妨碍我们变得更好。

这种所谓的"得不到满足"，可以指一个人的个人价值得不到满足，或者一个人对丈夫或妻子的需求得不到满足，抑或是一个人的性别所处的社会地位得不到满足。个人价值问题困扰着那些从小就不相信自己价值的人。为了掩盖自己缺乏信心，人们总是寻求各种奇怪的方法。对某些人来说，缺乏信心可能表现为追求完美，即便是再多的优点、天赋和别人的倾慕都无法换来他们的自信心，他们始终觉得自己被人忽视。他们一味地追求安全感，却从未如愿。因为在他们眼中，世界上除了死亡，没有任何事情是能够确定的。因此，他永远都无法获得所谓的安全感。对于这样的人来说，不安全感无时无刻不在折磨着他，让他不断地寻求各种心理安慰。这时，那些平常所不能容许的需求，在心怀嫉妒的人看来全部都变得合情合理。在他们的伴侣看来，这些缺乏安全感的人，不管拥有了什么，都不会满足，他们为了寻找所谓的安全感，总是会不断地嫉妒。

当我们意识到自己在婚姻方面的不足之处时，往往会产生短暂的嫉妒。为了避免自己受到责备，总是想去责备别人。这种心理机制经常会让我们做出很多奇怪的言行。很多时候，不忠和嫉妒是如影随形的。下面的故事并非个例。

一位年轻女士的婚姻生活非常不如意。她从不关心自己的丈夫，并且非常鄙视丈夫的人品和行为。所以，她最后决定离婚。然而，在彻底分手之前，她决定去度个假，看看短暂的分离会对他们俩产生什么样的影响。她的假期过得很愉快，无忧无虑、轻松自在，甚至还无所顾忌地和一个年轻小伙子展开了一段婚外情。妻子回到家时，她的丈夫和她预期的一样，没有在火车站接她。这次，她竟然觉得很受伤，心烦意乱，第一次嫉妒了。她想象自己的丈夫和另外一个女人在一起，完全忽视了她。然而，这种感觉并没有改变妻子对丈夫的态度，他们很快就离婚了。但是这种奇怪的感觉却一直困扰着妻子。有一瞬间，她甚至怀疑自己可能在不知不觉中爱上了她的丈夫，但事实并非如此，她继续办理完了离婚手续。实际上，这次嫉妒表明了她头一次不确定自己在婚姻中的行为是否正确，不确定自己是否履行了作为一个妻子和女人的义务。如果没有这种自我怀疑，妻子就不会希望这个从不体贴人，且现在已经疏远了的丈夫会在火车站接她；如果不是因为嫉妒，她就不会在明知婚姻已经失败之后还对对方有所期待。

嫉妒的一个常见现象是与同性的竞争。我们与异性的关系很大程度上取决于我们对自己的态度。如果一个女人在生活上总是以男人为中心，她就会把其他女人都视为自己的死敌。她们觉得自己的丈夫是个可怜虫，总是受到那些诡计多端的女人的诱惑。男性之间的竞争更多的是与生意和工作有关，女性则扮演了一个次要但不可忽视的角色。如果一个男人怀疑自己缺乏"男子气概"，他在嫉妒其他男人的时候就会说他们是"纯爷们儿"。这样说就好像他自己从来都不是，而且未来也不会成为"纯爷们儿"一样。一旦他的妻子表达出对这些男人的好感，他就会格外地敏感。一旦他觉得妻子不忠，他也会选择出轨，并且觉得这个出轨对象比妻子更加优秀。在他看来，是妻子不忠在先，是她导致了婚姻关系的巨变。其实，丈夫的嫉妒并不完全是因为妻子，他的所有敌对行为，以及这些行为背后复杂的情感都不是针对妻子的，他的目标其实是妻子的出轨对象——那个实际上很可能比他还优秀的竞争对手。

无论是与配偶竞争，还是与同性竞争，嫉妒只不过是内心受挫的表现。有些人会把嫉妒当作借口来激化矛盾、侵犯他人甚至做出一些无礼行为。一个言行得体、善良有爱的人是绝对不会这么做的。凡是发生上述行为的人，他们的行为目的都是要把责任推卸给受害的一方。

吸引关注与获取权力

自卑感激发了人们寻求补偿的欲望。最简单、最容易的方法是试图吸引别人的关注。如果一个人不确定自己是否得到了他人足够的爱与欣赏，就会不断地要求别人的付出。嫉妒能够帮他们达成目的。凡是需要伴侣花费时间和精力去关注的外部事物，在他们眼中都是危险的，伴侣对另外一个人给予关注，就像是对他们自身财产权利的侵犯一样。他们会不断地要求伴侣关注他们，并且很容易产生暴力倾向。尤其是之前他们希望得到无限关注的要求没有得到完全满足时，更容易引发暴力。随之产生的被忽视的感觉，又会导致更多变本加厉的要求。假借爱与奉献之名，嫉妒者对伴侣步步紧逼。如果受到监视的伴侣不严格遵守他所施加的各种要求，那么双方都会遭罪。如果伴侣不愿意遭受痛苦暴行的折磨、不愿意忍受暴力，他就最好小心地服从这个嫉妒的伴侣的各种要求。当然，后者是完全"无辜"的，因为他的行为都是被情绪所驱使的，这些情绪远远超过了"好心"的范围。最重要的是，他的痛苦是真实的，不容置疑，这可以免除他所有不当行为的罪责。

欧太太是几个兄弟中唯一的女孩。她一直是众人瞩目的中心，并始终保持着这样的地位。结婚后，她饱受嫉妒之苦，总是觉得自己受到了不公平的对待。她常常问她丈夫与其前女友们交往时的经历，丈夫每次都向她保证她是多么有魅力，他爱她胜过任何人。也许正是因为这个原因她才心生嫉妒。她总是怀疑自己没有其他女人更有魅力。她也毫不掩饰自己的嫉妒，甚至针对这些问题与丈夫进行了很长时间的讨论，过程相当曲折。因为嫉妒，她总是想要控制他的一举一动。每当她感到自己被忽视了，她就跑到他的办公室去找他，想知道他是否和别的女人在一起。因为嫉妒，她不让他把自己一个人留在家里，还漠视他的许多工作和社会责任。在她看来这些事情只会让他疏远她。有一次，她费尽心思想将他留在家里，可他还是走了。出于嫉妒，她立即安排和另一个男人约会，让他也嫉妒。她无法摆脱嫉妒的困扰，要么自己深受其害，要么想办法激起别人的嫉妒。

报复

如果连这样激烈的、带有暴力倾向且内心充满怨念的斗争都无法确保人们得到他们想要的权利和地位，那么夫妻二人很可能会达到最后一个阶段，即正式开战。人们会把嫉妒当作可怕的复仇武器。这些嫉妒的人会准确地判断出自己"心爱"的敌人的弱点是什么，并给予重击。一怒之下，嫉妒者会说出最无耻、最尖刻的话来侮辱受害者的自尊,以致受害者陷入绝望、尊严扫地。

引发伴侣的嫉妒

我们经常会在不知不觉中产生嫉妒。拒绝承担自己作为伴侣的义务会让对方产生一种强烈的不安和自卑感。有时人们还会想方设法引起伴侣的嫉妒,以重新获得对方的兴趣和关注。有时我们激起伴侣的嫉妒,只是为了找个理由和对方大吵一架,有时候我们甚至自己都不知道为什么要这样做。

我的一个学生曾经向我大吐苦水,抱怨他的妻子嫉妒心太强。在过去的几个月里,他们几乎天天吵架。她指责他把时间花在其他女人身上,或者过分关心其他家庭成员而忽视了她。我们对当时的情况,特别是引发这几次争吵的原因进行了简单的分析,最后得出了一个惊人的发现:他前段时间得知自己即将参加一次艰难的且对他具有重大意义的考试。也就是从他得知自己要参加考试的那一刻开始,他的妻子开始了她的嫉妒。这只是巧合吗?肯定不是。事实上,他自己都没有意识到,从那一刻开始,他对妻子的态度发生了变化,使她不禁起了疑心。尽管他之前对待妻子非常体贴,但现在他却变得越来越忽略她的感受。他回家的时间总是比他承诺的时间晚,对她的问题丝毫提不起兴趣,而且他非常敏感,总是咄咄逼人。不怪她怀疑他在外面有其他的女人了。

而作为丈夫的他，不但没有想办法消除她心中的疑虑，反而不断地与她争吵，指责她的不是，丝毫不提及真正对他造成困扰的是这次考试。这无疑加重了她内心的疑虑。

这种情况可以看作是夫妻之间的误解，但实际问题远远不止这些。他一次又一次地抱怨妻子的嫉妒心太强，这让他无法学习，更无法集中注意力。而且他总是不停地抱怨她每次都是因为一点小事就嫉妒。其实，他说这些只不过是在为自己的缺点找借口而已，以此来满足自己的虚荣心。如果一个人不熟悉人类的阴谋诡计，肯定会认为他不可能故意让他的妻子产生嫉妒。当然，他确实不是故意的，一切都是他无意识的行为。这样的解释听起来可能有些不可思议，但事实表明，这样的理解是正确的。很快就有人向他解释说，是他在无意中挑起了争端，以便为自己所认为的信心不足寻找借口。当他认识到自己的问题之后，很快，家里的情况就发生了变化。在他知道自己内心深处的实际目的之后，他就不会再继续原来的行为了。他不需要做什么特别的事情，他的妻子也就不再嫉妒了。在他克服了内心对考试的恐惧之后，他不再为自己找借口了，最后他对家里的变化感到特别吃惊。

理解并帮助嫉妒的伴侣

我们有必要对嫉妒者的心理机制进行了解，否则我们就难以理解他们嫉妒背后的真正原因。如果你想要避免发生任何严重的后果，就一定要小心谨慎地对待这些心理信息。让我们停下片刻，细细地思考一下前面几段故事的意义。因为嫉妒的人一般都不会思考，一旦他们被情绪控制，他们自己都看不清自己。任何一个遇到有嫉妒情绪的人，都不难发现其行为背后的心理因素。那么我们该怎么利用这些心理因素呢？这是所有心理问题中最关键的一点。我们必须认识到，心理学就像任何其他人类工具一样，可以用于各种目的，这些目的可能是好的也可能是坏的。它可以被当作强大的破坏性武器，也可以被当作同情和谅解对方的基础。如果一个深受嫉妒所害的人利用心理学发现，向对方指出，他只是在利用他的情绪来获得关注或者想要欺压别人，显然不会带来好的结果。这样说反而会激怒对方，让原本就不愉快的关系更加恶化。我们应该适当地运用心理学的深刻见解，避免将自己知道的事情用语言说破，要将所学到的知识恰当地运用到适当的行为和有益的行动中来。

我们可以帮助一个喜欢嫉妒的伴侣吗？如果妻子善妒，丈夫可以做些什么呢？大多数经历过这种困境的人会认为自己什么都做不了。他们可能会指出对方"不理智"。然而他们不知道，想要劝说一个受情绪控制的人，理智根本没有用。因为他们采取了错误的方法，所以才会觉得这种情况是无可救药的。

让我们一起来想象下面这个熟悉的场景：丈夫晚上回到家，发现妻子闷闷不乐，甚至连他和她打招呼，她也不回应。空气中弥漫着紧张的气氛。"你怎么啦？"她不说话，显然她生气了。于是，他也生气了，并要求她解释一下为什么爱搭不理的。最后她终于爆发了："你干吗不回你的女朋友那里去呢？你还回家做什么呢？"

在这种情况下，丈夫一般会做些什么呢？如果他足够温柔体贴，他可能会解释给妻子听，并告诉她是她误会了。然而实际上，他却犯了一个常见的错误，竟然开始为自己回家晚而道歉。所以，无论他说什么，她都不会原谅他。而他自己也会变得越来越激动，越来越生气（人们在生气和痛苦的时候总是喜欢没完没了地说个不停，当人们情绪友好时，交谈促进彼此的感情，但当他们打架和生气时，所说的话就像鞭子和刀子一样，带来的伤害比任何身体攻击都要大）。

在所有由爱生妒的争吵中，一般都是遵循这样的规律：被指责的一方总是竭尽全力为自己开脱。我们太喜欢讲道理了，却完全不懂得如何才能理解对方的心思。我们试图通过讲道理来赢得对方的理解，却忽视了人们的心理因素。

其实，讲道理远不像我们以为的那样有效。我们或许是对的，可一旦我们试图向对方解释我们是多么正确，那才真的是大错特错了。我们总是忘记分析当前的情形适不适合讲道理。其实，是对是错真的不是很重要，在有些情况下，光证明自己是对的还远远不够。如果我们弄懂了对方的心思，成功化解了矛盾，即便承认自己是错的也无妨。但如果我们总是一味地强调自己是多么正确，弄不懂对方的困惑，无法化解矛盾，即便你非常正确，最后也是一败涂地。吵架时，对方总是会受到情绪的影响，无法做到心平气和。因此，即便你在逻辑上是正确的，也不可能立即改变对方的对立态度，无论你多么有道理，对方总是能找出更多的道理来反驳你。最终的结果就是矛盾被彻底激化，两个人都被激怒了，双方争吵得越来越厉害，直到吵得两个人都筋疲力尽、后悔不已，最后给彼此带来巨大的伤害。

还有一种普遍存在的错误做法。因为我们不知道对方到底在想些什么，所以根本不清楚到底是什么让他感到如此困扰，我们只知道自己受到了不公平的对待。总觉得自己毫无理由地受到了指责，无缘无故地被对方伤害。我们看不清问题的本质，所以才会愤怒不已。这时，我们自己也不知道该怎么办，索性就跟对方大吵一架。所以，整件事情本身并不是一个人的错，而是两个人都有问题。

如果我们对自己有信心，不固执地认为是自己受到了羞辱和虐待，那么嫉妒的情绪往往会以一种巧妙的方式得到缓解。一个小小的微笑，一个耐心的表情，一个温柔的亲吻，一句真挚的爱语，都可能产生神奇的效果。如果我们都能冷静一会儿，也许就能找到一种令人愉快的放松方式分散注意力，从而缓解激动的情绪，责骂和争论永远无法让人放松心情，只有当紧张气氛彻底缓解之后，问题才有望得到解决。

嫉妒的人的确需要我们的帮助。但你千万不要告诉他，他的行为是多么错误，这样做没有任何意义。每个人都知道嫉妒是不对的。实际上，嫉妒本身并没有我们想得那么严重。他只是对自己缺乏足够的了解，表达问题的方式不够妥当。因此，对嫉妒者的指责大多是错误的。嫉妒者内心非常无助，他们觉得自己被忽视了。其实，这是一个心理问题。这时候，伴侣如果能对他多一点同情、多一点鼓励、给他足够的安全感，会对他有很大的帮助。不要纠结他是对对方的母亲不满，还是假想对方有了外遇，这些都只是问题的表象而已，都不是很重要。对这些问题争执不休没有任何意义。只有想办法让对方对彼此的感情产生足够的信心，才能彻底解决问题。夫妻二人需要时不时地表达出对彼此的欣赏和敬重，这样才不容易产生嫉妒。一定要让对方知道你是多么需要他，这样才能帮助他克服内心的自卑感。

此外，我们还要避免另外一种错误行为。当我们互相责备、争吵不休、彼此怨恨的时候，我们很容易向嫉妒者屈服。我们试图通过让步来平息对方的怒火，向对方做出各种承诺，比如，不再和某人见面，或者不再那么频繁地去看望自己的妈妈等。这样的做法是非常错误的，根本解决不了任何问题。它会激发这样一种信念：他们骂得越凶，我们就越容易屈服。此外，这种做法也不会让对方产生良知。虽然嫉妒者看起来是胜利了，但他也会意识到自己内心的不安。因为，每一次胜利都会增加他对失败的恐惧，他知道失败是无法避免的。因此，每当你面对一个嫉妒者时，都要记住以下几点：不要为自己争辩，也不要试图让对方相信你是对的，更不要屈服让步。要坚定地做你认为正确的事。屈服解决不了问题，吵架也解决不了问题。表现出你对他的爱和忠诚，这才是他真正需要的。

嫉妒是一种精神疾病

从精神病学的角度来看，一般那些嫉妒心极强的人最难被治愈。如果他们来寻求帮助，那他们想要的帮助就是和他一起来反对他的伴侣。他们会绞尽脑汁来证明他们的伴侣是多么错误、多么不公平。而且，他们大都不愿意去主动了解自己，他们一心想着如何去改变对方，从未想过自己该做出什么样的改变。因此，真正的心理治疗只有在嫉妒者诚心诚意地想要得到帮助时才会有效。

在所有治疗方案中，有一种是明确地告诉他他内心的需求。让他认识到他的行为是多么愚蠢，根本解决不了任何问题。这种做法其实是完全错误的。他自己深陷痛苦。你的责备对他来说没有任何意义，反而还会对他造成伤害。当然，嫉妒的人自己可能会同意并承认他的嫉妒是没有意义的。但这又能怎么样呢？对问题的解决有帮助吗？肯定不能。相反，这样的做法反而会掩盖真正的问题。没有人会莫名其妙地嫉妒，他们只是没有意识到嫉妒对自己的影响。

因此，对嫉妒的治疗属于一般性心理治疗。我们首先必须弄清楚导致患者内心痛苦的根本原因，帮助病人了解自己。不仅要了解他目前的冲突，还要了解他的整个人生观和生活方式。当然，只有患者愿意进行改变——改变自己错误的观念和处理问题的方法，改变自己对未来社会地位和社会参与方式的规划与定位，上面的这些理解与洞察才会有意义。虽然可以理解，但这些不健康的自卑感一定要消除。患者缺乏社会兴趣的问题也要予以克服，这很可能是因为一些不愉快的童年经历和以前形成的一些错误的观念所导致的。通过这种方式，来培养患者克服困难的勇气，帮助他们建立自信心，以便他们将来能够高效、正确地处理自己所遇到的社会问题。

嫉妒心特别严重的人可能会抗拒任何治疗，尽管他们可能会假装来寻求帮助。对于酗酒的嫉妒患者，一定要先戒除酒瘾才能展开对嫉妒的治疗。嫉妒有时是一种严重的精神疾病，被归为偏执症类，有时它还具有强迫症的性质，属于一种比较严重的神经官能症。一旦属于这类情况，治愈的效果通常都不太好。

如何克服我们自己的嫉妒心理

对于普通人来说，如果我们正在遭受嫉妒的困扰，那么，最重要的一点就是要学会自我调整。我们可以深入洞察自己的嫉妒倾向，这样有助于我们采取有针对性的措施。毫无疑问，一旦我们受到嫉妒的困扰，我们就很难洞悉自己的这种情绪，更难以使其发生改变。只要我们以情感受挫或情绪不好为由，为自己的行为开脱，我们就再也无法理性地思考问题了。嫉妒是如此强烈地影响着我们的行为、态度，以至于其他任何事情都不太可能使其发生改变。这就是为什么我们很难控制自己的嫉妒。

那我们又是为什么要放弃对问题的理性分析呢？至少这样能多多少少抑制住我们的嫉妒情绪。很可能这是因为所有情绪的产生和消失都没有明显的理性，更不会遵循某种特殊的逻辑。因此，我们相信，我们很难影响嫉妒情绪，更不用说通过自己的理性思维来改变它们了。"我们无法控制自己的情绪，因为靠理性根本无法压制它"，这个信念可以追溯到几千年前。因此，它早已成为我们民族文化的一部分。身体的力量并不一定比精神的力量弱。如果精神力量不允许，那么身体力量再强大也无济于事。在强烈的、不理智的情绪背后，往往隐藏着非常具体而又实际的意图。如果我们有足够的勇气去承认这些情绪的意义和它背后的倾向以及目的，我们就有可能克服内心的嫉妒。

如果我们心生嫉妒，光承认自己错了还远远不够，因为我们很可能嘴上承认自己不对，但内心里还是觉得自己的出发点是好的。真正地深入洞察，需要我们仔细地研究自己的真实意图。我们是想要获得更多的关注吗？我们是想要给谁施压或是彰显我们的能力吗？我们是想要伤害对方，给自己失败的婚姻找借口吗？只有当我们弄清楚了自己全部的意图并能为此承担责任的时候,我们才能真正地帮助自己摆脱嫉妒之苦。那些嫉妒丈夫总是去探望自己的母亲而不是回自己家的女人,其实并不是嫉妒她的婆婆,也不是厌恶自己的丈夫,她们只不过是担心自己的家庭地位受到影响、自己的个人价值不被重视而已。她之所以会心生嫉妒,是想要向他表明,他不能忽视她,他不能对她以外的任何人表现出更多的关心。如果不按照她所希望的方式关心她,她就会和他无休止地争吵;如果他不顺从她的意愿,他就得受点罪。

克服敌对情绪最有效的方法,就是认清自己的真实意图。如果我们能够对自己多一点了解,坦然面对自己的真实意图,我们就会发现:无论这些情绪是好是坏,你都能自主掌控了。当然,我们很难洞悉自己的真实意图。我们承认是一些心理因素导致了自己的嫉妒情绪,如自我怀疑、缺乏信任、感到自卑、与同性竞争等。对于这些问题,我们很容易察觉。但是,除非我们认识到就是这些问题最终导致了我们内心的嫉妒情绪,不然这些认知对我们帮助不大。"确实如此,可我又能怎么办呢?"我们对自己行为目的的深刻洞察属于一种完全不同的心理动态。认识到自己之所以嫉妒是为了占据主导地位之后,这种认识会让我们的嫉妒心开始减弱,之后我们就不会再以嫉妒为借口为自己的行为开脱了。

改变从自己开始

嫉妒使我们陷入了一个恶性循环。一旦它闯入了我们的婚姻，就会引发各种争执与矛盾：夫妻二人针锋相对、吵得不可开交，都想要另一方改变，却没有意识到无论是谁有了嫉妒心，都是两个人共同的责任，需要一起面对。其实，两个人本身都希望事情往好的方向发展，却又总觉得是对方拖了后腿，不肯合作。只要两个人都坚持要另一方先做出改变，问题就很难得到解决。于是，双方开始了一场激烈的较量，谁先让步谁就输。然而，谁都不想让步。最后，两个人对彼此都越来越失望，心态也渐渐变得消极起来。于是双方的敌对心理越来越强，都坚定地认为这个世界上除了自己的面子，其他什么都不重要。他们彼此争执不下，陷入僵局。在整个过程中，他们以无尽的痛苦为代价，只为换取那转瞬即逝的"胜利"，但很快他们又会遭遇下一次失败。自始至终，他们都不知道究竟该怎么做才能使问题得到解决。

其实，答案很简单，解决问题的一个先决条件就是要认识到：一切从自身做起。这是成功且有效解决婚姻问题的唯一基础。在婚姻关系中，一旦遇到问题，我们只需要问自己一个问题，那就是："我能为此做点什么？"只有发自内心地想要解决矛盾，认真地思考自己能为此做出怎样的改变，才可以找到正确的途径，走出令人绝望和不安的困境。无论你多么绝望，无论你遇到的问题是多么棘手，都能找到解决办法。当然，这个办法不一定能够消除你所有的伤痛，但它总会让问题得以缓解，使局面变得不那么复杂，最终找到一个令你满意的解决方案。许多人从一开始就想要得到一个完美的结果，最后却总是事与愿违。他们忘记了凡事都要一步步来。问题的解决总需要一点时间，虽然过程会有一点漫长，但这却是唯一的解决方案。

以上方法对于所有的婚姻问题都适用。我们之所以选择"嫉妒"这一话题，是想通过这些示例来说明夫妻之间冲突的本质。下面，我们为大家列出几个实用的建议来结束这一章节内容的讨论，这些建议不仅适用于解决嫉妒问题，对于其他矛盾的化解也会有一定的帮助。

尽管我们强调每个人都要从自己身上找问题，但在特定场合下，还是需要痛苦较少的一方为另一方提供帮助。在夫妻双方最初发生争执的时候，嫉妒的一方可能是最痛苦的那个。因此，另一方在变得和对方同样痛苦之前，还是有机会为对方提供帮助的。那具体该怎么做呢？

首先，要试着理解伴侣的困境。他为什么会嫉妒呢？是不是妻子无意中做了哪些事导致了丈夫的嫉妒？是不是妻子没有向丈夫发出足够的爱的信号，或是没有让丈夫产生足够的安全感？是不是妻子总是表现出一副高高在上的样子，让丈夫觉得自己不够好？无论哪种情况，只要妻子认识到自己的问题所在，并予以改进，就能改变现在的僵局。她可以给丈夫多一点鼓励和安慰，避免重新陷入已经存在的敌对状态。其次，她还要深刻认识到丈夫现在就需要她的帮助，事不宜迟。在帮助丈夫的同时，她也在帮助自己。

我们怎样才能避免嫉妒情绪的产生呢？如果我们发自内心地希望我们的婚姻生活平静和睦，我们就应该时刻警惕自己身上的敌对情绪。我们总是对别人的敌对情绪非常敏感，哪怕最细微的敌意我们也能迅速地感知，但是对于自己身上敌对情绪的感知却非常迟钝。任何负面情绪的产生对我们来说都是一个警告，我们应该反问自己：我到底是怎么回事？我们有没有发现自己的自信心下降了？是不是被悲观情绪削弱了我们的意志？如果是的话，那我们很快就要遇到大麻烦了。千万不要让自己受到负面情绪的干扰，表面上我们是在生对方的气，实际上我们却是在生自己的气。所以，现在是时候考虑一下我们接下来要做什么了。我们为什么要怀疑自己？"我们为什么不想办法寻找一个解决方案呢？千万不要让自己被困难击倒！"我们确实需要一些情绪来调整一下自己，但不是消极情绪，而是积极、乐观、同情、互助的情绪。所以，请务必时刻警惕，不要让自己产生任何的敌对情绪。

为自己找到一个较好的、能够洞悉自己内心的方法，这样才能更好地帮助自己。任何矛盾与冲突都只是表面现象。如果不能找到引发问题的根本原因，并予以对治，我们就永远得不到救赎。当然，想要改善自己的情绪，最重要的就是要改变我们的生活态度，改变我们对自我的认知和为人处世的方法。每一次冲突都是对我们人际关系和社会兴趣的考验。如果我们让自己变得垂头丧气、相互敌对，我们就会失去彼此之间的归属感，从而爆发各种矛盾，让自己的生活陷入一片水深火热之中。当然，矛盾也有可能会激励我们的进步，增长我们的智慧和经验，提高我们的生活技巧，增强我们的自信心。每一次对矛盾冲突的成功解决，都会使我们取得进步。矛盾冲突的发生暴露了我们在个人修养和社会交往等方面的缺点和不足。只有胆小的人才会被它们吓跑，真正的勇士敢于直面挑战、克服困难。让我们一起接受困难的挑战吧！只有这样，我们才能成为更好的自己。多一些包容，少一点苛刻，我们的生活就会变得越来越美好。

第7章

婚姻中的问题与冲突

人类问题的本质

两个人在一起生活的过程中一定会遇到很多问题。我们整个人生都是在不断地遇到问题和解决问题中度过的。当然,婚姻的确能给我们带来一些好处,因为婚姻让两个人走到一起,互帮互助,共同面对生活中的难题。尽管婚姻能帮助我们解决生活中的一些麻烦,但它也给我们带来了很多不得不面对的问题。在婚姻生活中,我们不仅会遇到一些常见问题,还会遇到一些特殊情况,我们可以把这些问题看成对我们个人解决问题能力的考验,而婚姻问题恰恰是在考验我们是否有能力和另外一个人在一起亲密地生活。

由此,我们可以看出,每一个婚姻问题实际上都与我们的性格特点以及生活方式密切相关。问题总是先以表象呈现出来,之后才会暴露出它的本质。比如,我们内心感到不安的时候,这种主观的感受一定是由某些具体情况引起的,这很可能与我们的经济、社会、职业,甚至是性方面的冲突有着直接的关系。我们需要特别努力,才能克服这些困难。如果我们的努力没能使问题得到解决,那么我们就会感到失望和不满。以前我们得到的建议和帮助,总是局限于一些具体的条条框框。我们必须严格遵守这些条条框框的限制才能达到彼此的合作,婚姻生活才会平静而美好。然而,这些建议往往非常专业,需要遵从一些明确的规则才能满足具体情况的需要。就像法律条文对人们言行举止的约束一样。

现代心理学家致力于寻找每一个具体问题背后的形成机制,这种形成机制与问题表象完全不同。问题表象体现出来的仅仅是事情的外在征兆,而我们所遇到的每一个问题都与自己整体的生活状态密切相关,这个生活状态受到与我们个体相关的所有外部因素的影响。这些外部因素包括我们以往的人生经历,如我们的生活方式、受到的教育以及对未来做出的规划等。

想要解决这些问题,就必然要对其进行讨论。任何积极的探讨,都可能会引发彼此的不满甚至摩擦,从而暴露出他们的一些心理问题。正是这些心理问题导致了问题的产生,因此只有针对这些心理问题进行治疗,婚姻问题才能得到圆满解决。尽管从外部来看,我们遇到了真实而又具体的矛盾和冲突，它们深深地伤害了我们，让我们感到无比屈辱、备受折磨，但事实上，真正的矛盾与冲突恰恰不在外部，而是在我们心中。这些问题到底是否真实存在，还是仅仅是我们想象出来的，终归是一个令人困惑的哲学问题，直到物理学家揭示出所有物质在本质上都是"意识的"。物理学家们发现，所有具有实物形态的物体，在本质上都是完全抽象的、不具有物质形态的波。比如，人们坐的椅子是真实存在的，它是由木头或金属做成的。人们可能觉得，无论对椅子的成分进行多么深入地分解，它的组成成分一定是物质的。但事实上，这个观点是错的。如果我们分析得足够深入，就会发现组成物质的粒子只由电子、中子和其他超小的物体组成，然而这些超小物体实际上是波，而不是我们通常认为的物质。仅凭物质波的速度和数目就能判断出物体的原材料是木材还是金属，物体的组成成分是固体、液体还是气体，甚至还可以判断出物体的颜色。透过事物的表面，我们会发现我们生活在一个完全不同的世界。现代物理学与心理学[①]在概念和方法上有很大的相似之处。物理学通过对具体问题的分析揭示出问题的表象和造成此问题背后的各个因素之间的关联。心理学的分析也是如此。每个问题都体现了问题表象背

---

①亚瑟·斯坦利·爱丁顿曾就物质在物理学领域的新概念发表过这样的评论："我们很难让那些实事求是的物理学家们相信：一切事物的本质是思想的。"然而，思想是我们最先接触到的最直接的人生经历，其他事物都是遥远的推理。（The Nature of the Physical World. The Macmillan Company, New York, 1928.）

后的个人和社会因素之间的关系。想要问题得到解决，就要求我们对相关的事实、周围的环境和相关者的性格等进行深入的了解与分析。

一切事实都具有主观性

只要生活在继续，人与人之间就会产生冲突、就会发生各种利益纠纷和需求的碰撞。生命最终总是要向死亡屈服，人类的成长就是要在毁灭中求生存。不仅生命如此，生命的各个组成成分也是如此。无论是人体器官还是组成器官的各个细胞组织，无论是我们的个人家庭还是我们的国家乃至整个世界都是如此。冲突和碰撞并不意味着痛苦，甚至死亡也并不总是痛苦的。我们所遭遇的痛苦与不幸很少是由真正的灾难带来的。死亡、疾病、战争和贫穷只是造成当今人类痛苦的一小部分因素，尽管我们很难相信，但这却是事实。人类在最残酷的条件下总是能展现出惊人的自我调整的能力。我们的痛苦源于自身，源于我们对事实的态度，痛苦往往就藏在我们心里。这并不是说我们可以无视周围的环境了，相反，我们现在比以往任何时候都更清楚地认识到事实和思想之间的关系。我们知道，人类的思想创造了世界上的万事万物，与此同时，人类思想本身也受到这些事物的激励和影响。个体与环境之间不断地产生互动。但是，无论这些互动的结果是令人愉快的还是让人失望的，都不是环境本身所能决定的。我们的态度可能是欣慰地接受，也可能是失望地拒绝，只有拒绝才会产生不愉快的感觉。

我们的态度决定了一件事情存在的意义。关键在于我们如何看待它们。无论是事实真相，还是生活本身，追根究底，都既有好的一面又有不好的一面，既有令人愉快的一面又有令人伤心的一面。结果如何完全取决于我们的态度。几乎所有的事情都存在着无数种可能性，甚至有时候连痛苦乃至死亡都可能会成为我们乐于接受的事情。如果疼痛代表着疾病的痊愈或者生命的持续（例如，瘫痪或麻痹恢复前的征兆，或女人分娩的疼痛），这就会是非常令人愉快的事情。任何事物都既有善的一面又有恶的一面。某种情况可能会破坏事件的发展，也可能会促进事件的发展。我们自身的主观意愿以及先入为主的信念影响着我们对事物美丑的判断，同时也引导着我们，要么得到救助，要么遭受苦难。我们带着偏见看世界，把虚幻的东西当成事实：只看我们喜欢看的，寻找自己想要的。我们能从经验中学到的东西是非常有限的，这主要是因为，这些经验本身就是我们亲身经历的事情，也就是说，我们创造了自己的经历，所以我们一定会先入为主地认为它们是对的，把它们看作自己的决定。

这种对生活的诠释过于"理想化"，因为它们忽略了由外部条件所产生的各种冲突。根据日常经验我们发现，我们的生活似乎总是由周围强大的外部力量所决定，与这些外部条件相比，我们个人的力量显得微不足道。遗传因素、卫生状况、经济条件、失业、战争或是社会经济是否繁荣等问题对我们的生活有决定性影响。如果整个群体都在遭受迫害和压制，那么这群人中就不太可能会有谁觉得自己是幸福的，毕竟挨饿的人很少乐观。难道社会力量不比个人心态更具影响力吗？

这些相互矛盾的观点往往给人际关系、心理研究和咨询服务带来很多的误解。唯物主义和唯心主义代表了生活的不同方面。很长一段时间以来，经济学和社会学对人类问题的处理方法完全是唯物主义的，相比之下，宗教和哲学的概念或多或少是唯心主义的。然而，我们如今正逐渐实现对生命现象的全面、整体的认知。我们在心理学和社会学中都既发现了唯物主义，也发现了唯心主义的倾向。例如，行为主义者只研究具体事物对人类的影响，而语义学家则认为个人的理解和认知起到了决定性的作用。这两种观点似乎很难统一起来。我们努力将这两方面结合起来，却发现他们似乎各有道理，却又彼此相互矛盾。于是我们接受了现代物理学的观点。物理学家指出，我们所说的偶然其实遵循的是大数据法则，即"统计概率"的问题，单个粒子的运动规律和运动速度似乎难以预测。但是整体情况并非如此，将这个概念应用于人类社会，会产生有趣的结论。

社会学因素的确会对个体产生重大影响，这些影响甚至决定着整个人类的命运。但这种影响只对整个群体起决定性作用，对单独个人起不了作用。美国失业人数取决于经济和社会状况，这个影响是绝对会发生的。只要这些条件出现任何程度的改善都会增加就业，出现任何程度的恶化都会相应地减少就业。这种因果关系是明确不变的。但你我是否失业，既不是由经济和社会条件决定的，也不是由失业人数决定的，而是取决于我们如何谋生。如果我们做事总是很努力且效率很高，我们就可能会得到一份工作。尽管这可能是以牺牲别人的利益为代价的——要么别人被解雇[1]，要么我们获得一份工作。

这是唯心主义决定论，它和偶然因素决定论不同。这两种方法都有一定的价值，第一种方法可以用来解决个人问题，第二种方法用于判断整体环境。在某一社区，自杀人数的比率每年都保持不变，这与经济条件（例如，粮食价格）或者与社会和政治环境有关，这些因素会直接导致自杀人数的增加或减少。在战争和革命期间，自杀人数通常会减少。但一个人是否自杀，与粮食价格或战争局势无关。

虽然他会受到各方面因素的综合影响，但他的行为并不是由这些因素决定的，这些因素不会给他带来决定性的、无法改变的影响。因为每个人都可以自由地制订计划并相应地采取行动。他选择自杀，虽然是一时冲动的结果，但与他个人的生活方式密切相关：他的生活方式决定了他会采取什么措施，朝着什么样的方向前进。

---

[1] 当然，这种方法不应该用来解决失业问题！

婚姻问题的社会背景

所有的婚姻问题都反映了我们这个时代的社会背景。这就是为什么人们之间的问题总是大同小异,这一点我们前面章节已经提到过了。每对夫妻之间的冲突和矛盾,几乎都反映出当今人类所面临的普遍问题对个人的影响。缺乏物质保障;许多人对我们这个时代的政治和经济问题感到无助;价值观念和道德观念的深刻变化,造成社会不稳定;社会分裂成一个个小的群体,每个群体都为自己的利益着想;人们之间普遍存在的竞争和对立关系造成彼此之间的相互猜疑;最重要的是男女之间普遍存在的地位之争。这些都让本来微不足道的矛盾变得特别尖锐。然而,即便我们知道了这些事实,也并不能帮助我们摆脱婚姻的困境。知识只有用在合适的地方才能发挥作用。不幸的是,理论性建议往往并没有什么实际价值,因为问题背后最重要的还是人们的个人态度。对自己、对伴侣多一点理解,学会洞察人类的本性,这样往往更能帮助我们面对婚姻和生活带给我们的挑战。

性生活不和谐

性生活不和谐往往被视作幸福生活的绊脚石。因此,在处理婚姻问题时,我们需要睁大眼睛,仔细观察夫妻双方矛盾的根源和他们内心的真正需求。婚姻法赋予了人们获得性满足的权利，性生活是否和谐被视作夫妻双方能否相互理解的一个重要基础。奇怪的是，在我们当今的婚姻生活中，与其说性满足是一种常态，不如说它是一种例外。越来越多的人在婚姻中无法获得性满足，市面上一度出现了大量关于如何改善两性关系的书籍，这些书里常常提及男女之间在性爱节奏方面的差异，以及如何克服由此产生的障碍。人们无比渴望能得到性满足，因此他们热衷于阅读此类书籍，希望能从中找到答案。很多人都能从这些书中获得一些安慰。然而，我们不清楚他们对性快感重燃信心，是因为得到了技术性的建议，还是因为他们对彼此再次萌生了好奇心，抑或是生活中那些共同分担家庭责任的经历，使这对曾经一度对婚姻感到绝望的夫妻能够重新调整好心态，再次生活到一起。相比于婚姻关系的束缚，这种夫妻共同承担的经历往往会带来更深刻、更持久的和谐与统一。而单凭一次方法技巧的传授并不能产生永久的影响，也不能挽救日益恶化的婚姻关系。

"性生活不和谐"似乎是人们司空见惯的一种说辞，很多人经常以"性生活不和谐"为借口，拒绝与对方亲热。毫无疑问，在性生活方面，每个人都更容易被某些特定类型的异性吸引。人们以往的生活经历和个人喜好都会对这方面产生一定的影响。很少有人会只对某一种类型的异性情有独钟，这种偏好仅仅在恋爱时才显得重要。一旦结了婚，很多因素都会影响两个人的性关系。对于之前"最喜欢的类型",人们很快就没了兴趣。我们先前提到过一个案例(见第127~129页),在这个案例中,丈夫在确信妻子再也不能给自己带来性刺激后,重新从妻子身上找到了性吸引力。夫妻间缺乏性吸引力、性刺激不到位、性需求有差异、性过程不充分、性无能和性冷淡,以及性排斥或性厌恶,等等,都不是所谓的性生活不和谐的原因,这些不过是两人矛盾冲突的结果。它们反映出夫妻之间的敌对态度,这种态度影响着他们之间的性行为。事实上,得不到技术方面的指导也有它的好处:真心相爱的两个人可以在性爱过程中相互探索,从而保持对彼此的性吸引力。

唯物主义者过分夸大了性需求和性满足对人体的重要作用,他们相信性爱的宿命早已注定,也相信性欲终会耗尽。让我们一起来看看实际生活中的情况:很多时候,夫妻都是在新婚之夜初次感受到强烈的失望感,而这往往也标志着他们对婚姻梦想的幻灭和不幸婚姻生活的开始。新娘和新郎彼此的欲望都无法得到满足,之后也没能学会如何更好地理解彼此的需求。他们可能会解释说,他们彼此的性需求差异太大。或者,他们发现自己只是被激情冲昏头脑,但没过多久,激情就消退了。欲望长期得不到满足,他们就会寻找新的性刺激,尝试新的冒险,追求新的体验。即便不出现上述这些极端的行为,这些人也会觉得日常生活中缺少了这方面的刺激,是非常平淡无趣的。在他们看来,新鲜的体验是保持欲望燃烧的必需要素，单调的事物会扼杀所有的快乐。在大多数人眼中，性和谐是与生俱来的，随着年龄的增长，人们内心的欲望会自然地消退。因为他们的经历似乎证实了这种看法，当然，他们也无法对自己的经历进行更深层次的探究。

性满足需要相互调整

当两个人的关系发展到发生性关系时，每个人都会把自己的个性、以往的个人经历，当然还包括他们自身的生理特征带进这段关系之中。极少有人能够在各个方面都能实现完美匹配。性爱是一门艺术，与其他任何艺术一样，通过训练，人们才能完美掌握它。夫妻对这门艺术掌握得越好，就越合拍。但就算他们根本不懂这门艺术，甚至连最初看待这件事情的态度都不一样，他们还是可以一起学习。如果人们不希望两个人的性爱过程仅仅是对激情的释放，那么夫妻双方就需要进行相互调整，适应彼此。

我们先来谈谈一对恋人在性爱过程中可能会出现的一些差异：在性爱过程中，有人主动，也有人被动；有人喜欢提出需求，也有人喜欢顺从对方的需求；有人性格急躁，而有人则比较有耐心；有人感觉迟钝，有人特别敏感；有人以自我为中心，有人却很喜欢为对方着想。在两个人的性行为过程中，总会出现以上这些差异。拥有某些特质或习惯的夫妻可能天生就是一对，性生活会十分和谐。但我们能奢望所有人都拥有这样的特质或习惯吗？在进行如此亲密的结合之前，他们对彼此的了解少之又少。因此，他们太容易感到失望了！此外，他们也从对方身上看到了彼此的过去。这个人经历过什么、喜欢过什么、有过什么梦想，皆在身体交融的那一刻浮现出来。一对夫妻的背后有很多很多的人影响着他们。

但他们并没有意识到，有那么多从未谋面的人参与了自己的感情生活，一旦他们认识到其中有那么多的人达不到自己的预期，他们就会感到格外失望。那些他曾经给予和接受过的爱意与情感，对所爱之人的各种复杂情绪，以及他们以前的男女朋友的父母、兄弟姐妹等，所有这些因素对眼前这个与我们陷入爱河的人带来了各种各样的影响。所以我们的恋爱对象，其实并不仅仅是一个真实存在的个体，他还是我们所有爱过和期待过的一切美好事物的象征。即使一切都顺心合意，另一半也能满足我们的每一个要求，我们迟早还是会从梦中醒来。所以，我们必须懂得如何去认识我们身边的这位伴侣，学会如何去爱他。但是，如果我们爱他，只因为他是自己心中所爱之物的化身，我们后面就有可能会失望，继而退缩。只有在夫妻二人多去经历一些事情，两个人建立起深厚的感情，且这段感情足以抵挡以往的经历对我们所造成的影响的时候，我们才能开启一段符合自己需求和期望的新生活，我们的爱才能经久不衰。如果夫妻双方不能为彼此做出必要的调整，他们就会对性生活感到失望，他们的性生活就会越来越不和谐。

A先生和A太太对他们之间的性生活很不满意,所以到我这里来寻求帮助。他们彼此相爱,愿意为对方着想,这一点使他们彼此相互理解,从未因生活琐事发生过争执。但在性生活方面,他们却渐行渐远,现在已经到了完全不能取悦彼此的程度。他们之所以在性生活方面感到失望,源于他们两个人不同的情感经历。A太太是家里的独生女,母亲非常慈爱,她从小便生活在温馨和睦的家庭氛围中,家人之间经常相互表达爱意。A先生则不同,他十三岁时就离开了家,自食其力,年少时还当过水手,当他终于想要安定下来,组建自己的家庭时,A太太慈母般的爱意给他留下了深刻的印象,他爱上了她。而A太太之所以会爱上A先生,是因为他能自给自足,是一个坚强的男人,能够保护她,给她带来安稳的生活。两人的期许都得到了满足,但在性生活上,他们却不得要领。当她只希望与他温存爱抚时,他却总是性欲高涨。她只是想他能亲近她、拥吻她、温柔地爱抚她,而他却总是粗暴地压倒她,这让她特别地厌恶。在这些年里,他们对彼此的怨恨越来越深,最后他甚至变得性无能,完全失去了任何性欲,因为他感受到了她的痛苦和不情愿。他们俩都没能学会如何去接纳对方所喜欢的性爱方式,并且都觉得自己的"正当的要求"没有得到满足。双方都想获得性满足,却不愿意先去满足对方。

态度比技巧更重要

不幸的是,这种双方都只追求自己满足的情况屡见不鲜,这是很多摩擦和失望的根源。很少有人能在自己获得性满足时,也能带给对方性满足。这并不是说他们不想这么做,而是他们还没有与彼此融为一体,依旧生活在自己的世界里。对他们来说,他们只在乎自己的感受,看重自己能否获得性快感。他们只想到自己被拒绝了,受到了伤害,却完全不为对方考虑。自始至终,他们都无法摆脱以自我为中心。事实上,人们想要获得性满足,就要毫无保留、无条件地体验和感受对方的处境。人们一旦体验过发号施令的感觉,就只会以自我为中心,无法再与他人感同身受。

如果他们觉得这是自己的权利,或者感觉到自己的威望受到了威胁,就更是如此。尽管人们看起来总是表现得非常乐意履行自己的义务,但他们的责任感仅限于关注自己是否有能力胜任,而不是全身心地去感受另一半。除了伴侣之间的相互享受和满足,其他以外的任何兴趣都会冲淡甚至扼杀两个人的感情。性无能和性冷淡是情感淡漠的体现,从表面上看,这些属于神经机制问题,像其他的神经病症一样,它们会掩盖婚姻问题真正的成因。当一个人在有意识地关心自己是否得到性满足时,他实际上更关心的是自己的名誉威望、个人成败以及其他涉及自我保护的问题。很多女性都怨恨自己的女性身份,这种怨恨情绪使得她们不愿在性爱时扮演女性角色,从而导致了她们的性冷淡。她们通常根本意识不到自己是性冷淡,因为她们爱自己的丈夫,同时她们能够感受到性爱带来的刺激。但她们很少能最终达到性高潮,而性高潮往往代表着女性彻底的释放与臣服。还有些女性期待着自己能获得这样的刺激体验,却总是无法成功。她们没有认识到,是自己的内心阻碍了她们情感的释放。男性的性无能也是同样的道理。性无能要么意味着男性对性爱不感兴趣,想要与伴侣保持距离,要么反映出男性深深怀疑自己能否做个"真男人"。缺乏性刺激或感情不够投入让男性拒绝性爱,并渴望与妻子保持距离,但这往往源于两人婚姻中的冲突和生活中的分歧。

男女生理构造不同,因此性爱节奏也有所不同,他们对性爱有着不同的感受,了解这一点是很重要的,人们最近也常常讨论这个话题。但人们没有考虑到的是,男性和女性在任何情况下都必须调整自己,因为没有两个人的经历是完全相同的。在性爱过程中,总是向对方提出要求是很危险的行为。男女双方都会根据对方的反应进行适当的调整,节奏可以快一点或者慢一点,动作可以温柔些或激烈些,还可以适当增加或减少某些特定的动作,等等。毫无疑问,夫妻之间需要互相调教,但千万不要以命令的方式,这种行为只会激怒对方,制造矛盾。

如果夫妻相互间的满足感不是水到渠成的,他们就必须先调整自己。女性比男性更容易失望,她们总是反应迟钝,我们不确定这种迟钝的表现到底是生理原因导致的,还是她们习惯性地不敢表现出自己的性满足造成的。显然,这是社会习俗所决定的。社会习俗要求女性在这方面保持被动,这会导致她们更想提出要求,且更容易失望,这时她们就只能寄希望于自己的伴侣来寻找解决办法。于是,夫妻关系就进入了一个恶性循环,他们对彼此心生怨恨,严重影响他们的性关系。

唯物主义生理学家认为,男人和女人在很多方面都很相似,事实的确如此。只要男女双方全心全意地接纳彼此,两个人团结一心,他们就能快速地融入彼此的生活,达到惊人的一致。到那个时候,无论其中一个人遭遇了什么,另一个人都能感同身受。人类到底是如何突破自己的躯体所带来的局限,相互传递情感甚至思想的?这仍然是人类的奇迹之一。只要他们不被恐惧和忧虑干扰,只要他们放松心情,保持接纳的心态,任何一方的情感波动都会对双方产生同样的影响。在这种情况下,任何兴奋和满足都会同时到来,无论动作、节奏如何。夫妻双方需要在实践中相互调整,这种调整的程度是没有限制的。这一切都依赖于双方在思想上无条件地接纳对方,并且对彼此没有要求和怨恨,没有抱怨和不适。只要两个人都享受其中,那一切都是对的。单方面的性满足是对另一半的虐待,这与强奸没有多大区别。[1]爱是夫妻双方共同的任务,性是一种相互的理解。[2]

爱情需要不断地呵护

如果夫妻双方都能意识到这一点,他们就会想办法去激发对方对自己的喜爱,赢得对方的回应,而不是被动地只考虑自己的利益得失。太多夫妻一结婚就忘记了自己是个有魅力的人,有能力诱惑对方。他们觉得结婚时的那一纸凭证赋予了自己获得性满足的权利。一旦他们的期望落空,他们就会提出更多的要求,而不是想办法去散发魅力、吸引对方。许多女性在外出或拜访朋友时,费尽心思地使自己看起来美丽动人,在家里却总是看起来油头垢面、不修边幅。她们把丈夫的爱视为理所当然,认为自己不需要主动去赢得丈夫的赞赏和喜爱。结婚后,她们似乎并不在意自己是否能激起对方的性欲、唤起对方的情绪,她们也忘记了自己曾经成功地用过的许多小妙招来抓住他的心。她甚至会认为这样的努力是一种羞辱。实际上,这是他们应得的!一个女人,即使

---

[1] "凡是羞辱和贬低异性伴侣的人,都无法体会到爱情的甜蜜。"(W. Beran Wolfe, How to Be Happy though Human. Farrar and Rinehart, New York, 1931.)

[2] "正确的实践产生于正确的认识,正如一个人如果与他的伴侣观念不合,那做什么都是徒劳的。"(Sofie Lazarsfeld, Rhythm of Life, Greenberg publisher, 1934.)

她再年轻漂亮,也需要技巧才能激发丈夫的性欲。一个女人,即便她再老再丑,也能找到方法让她的丈夫性欲高涨。

男性也大致如此。很多人婚后,甚至在刚刚蜜月结束的时候,他们就不再说那些曾带给彼此快乐的"甜言蜜语"了,他们有时候会把这些话留到社交场合再说,在别人面前展示他们对彼此的忠诚。他们没有意识到,女性需要时时刻刻证明自己被爱、被喜欢着,如果丈夫没有一次又一次地表达爱意,她们就会觉得感情淡了。在婚后向女性表达爱意,既不会比婚前更困难,其所带来的快乐也不会变少。然而,男性往往没有受过这方面的训练。他们认为妻子必须承担婚姻的"责任",并把性满足当作婚姻的一部分。实际上,许多男性认为只有男性的欲望才是重要的,无论他们何时产生欲望,女性都必须接受。他们认为女性应该随时做好准备,但不该主动提出要求。

这些男性心中充满了男性优越感,这让他们产生了很多错误的,甚至是致命的想法。他们还没有意识到,夫妻双方都有义务回应对方的性需求,性关系中的任何不和都应视为对双方共同的挑战,只有双方共同努力才能解决。

夫妻共同的挑战

我们需要认识到,婚姻中任何棘手的问题都是对夫妻共同的挑战,夫妻双方需要相互鼓励、互相帮助,这对婚姻幸福至关重要。对于已婚夫妻来说，即便是最严重的困境也不一定会损害他们的婚姻关系，相反，这些困难往往会促使他们结合得更为紧密。困难的严重程度无关紧要，重要的是夫妻在困难面前能否团结一致。夫妻双方拥有相同的观点和同一套坚定的价值观，会提高他们抵御挫折的能力。夫妻双方信奉同样的宗教、拥有同样的哲学观，会让婚姻关系更稳定。这并不意味着拥有不同的宗教信仰或观念上有冲突就必然会成为阻碍。我们只需心胸宽广一些，去谅解这种差异，也就是要学会宽容。宽容本身就意味着这个人拥有强烈的道德意识，而这种意识还可以弥补夫妻在其他方面的不和谐。

姻亲是共同的任务

姻亲会给婚姻带来威胁，这种威胁很危险，又最常见。这并不是说任何由姻亲带来的困境都更棘手，但在这种情况下，人们很容易将由此产生的摩擦归咎于伴侣及其家人。丈夫的母亲和家人通常更容易让人感到烦恼。女方的母亲常常对家里新的男性表示欢迎，而男方的母亲则常常认为没有人配得上自己的宝贝儿子。当然，这条规律也不总是奏效，但经验表明，妻子的母亲不容易引发问题。无论是哪一方的母亲给婚姻带来了威胁，都会导致夫妻间产生摩擦，让彼此感到失望，除非夫妻双方都有意将这个问题看作一项共同任务。否则，一方就会指责另一方偏心，不体谅自己。

这种敌对关系一旦确立，几乎就没办法完美化解。试图说服对方是错的并不会带来帮助，自然也不利于夫妻更好地彼此理解。妻子很容易忘记，她的丈夫也受到其母亲的支配或纵容，尽管他自己作为一个好儿子，可能觉得自己有义务为母亲辩护，帮她抵御任何的控诉。丈夫尊敬他的母亲，也爱他的妻子，可这两者间存在着矛盾。聪明的女人意识到这种矛盾，会给予丈夫帮助，而不是用她的抱怨使他心烦意乱，不管这些抱怨有多么合理。只要我们找对方向，再发挥自己的想象力和智慧，就不难找到一个行之有效的方法，解决这个在许多人眼中几乎无解的问题。家庭各成员之间明确的利益分歧可能是无法消除的，至少目前是如此。但婚姻的和谐并不一定会受到影响。

R太太来找我征求意见：她刚结婚不久，夫妻俩相处得很好，只有一个问题似乎无法解决，那就是她丈夫的家庭问题。她已经一筹莫展，所以想知道，在她犯更多错误、危及自己的婚姻之前，她能做些什么。在他们结婚之前，她的丈夫就和他姐姐住在一起了，丈夫的姐姐总是阻止他和任何女孩建立太亲密的关系。因此，当他最终爱上R太太时，他已经不年轻了。在谈了一场艰难的恋爱后，R太太最终才"战胜"了他的家人。姐姐害怕失去R先生的经济支持，因此怒不可遏，她甚至拒绝参加他们的婚礼。

过了不久，姐姐带有责备地邀请R先生去看望她。他犹豫了片刻，因为他讨厌姐姐的固执，但他还是去了。没有受到邀请的R太太不太高兴，她怨恨姐姐公开拒绝自己，觉得在这种情况下丈夫不应该去。当R先生拜访完姐姐回来时，明显变了一个人，R太太的怨恨进一步爆发，她把情绪摆在了明面上。他冷淡、不友好、易怒，在他们短暂的婚姻中，气氛第一次变得不愉快和紧张。这种情况持续了好几天。他们一句话不说，之前的和谐一去不复返。

但这种表面上的和平只是一时的。几个星期后，姐姐再次打电话邀请R先生做客。这一次R太太坚决反对他去。她的反对导致了他们第一次公开争吵和敌对。虽然R先生不认为妻子真的有错，但是他控诉她不够理解自己，因为她干涉了他对于家庭的义务。在这种情况下，R太太来我这里寻求帮助。她应该冒着又被姐姐挑拨夫妻关系的风险让他去吗？当他与家人恢复亲密关系后，可能会离开自己。或者，她应该冒着直接吵架的风险，阻止他想要看望姐姐的想法吗？但即使这样，也拦不住丈夫偷偷做自己想做的事。

我试着让R太太明白，不管是斗争还是妥协，对她都没有帮助，但事情还有转机。R先生本人的内心肯定也非常矛盾，不知如何是好。他对于妻子的忠诚与对于家庭的忠诚相互冲突。她为什么不帮帮他呢？于是，R太太找到解决办法。她回到家，告诉丈夫：她不想让他与家人疏远。但是，他不觉得在拜访他们时带上她一起，才更说得过去吗？他的反应迅速而强烈。他非常感激她愿意和自己一起去，尽管她从他姐姐那里受到了种种羞辱。他马上问姐姐，他能不能和妻子一起来。姐姐找了个借口，答应以后再邀请他，但他再也没受到邀请。从这一刻起，他们将共同解决所有与丈夫原生家庭相关的问题。他们再也没有因为原生家庭问题而产生任何分歧。

不是所有姻亲问题都能这么容易解决。永远都会有人将妻子的存在视为侮辱，对付这些人，需要多一些耐力和耐心。但只要她不让任何人把自己从丈夫身边赶走，只要她试着换位思考，鼓励他、支持他、帮助他克服自己内心的矛盾，其实没有什么能破坏夫妻间的和谐。有时，妻子甚至能最终获得婆婆的支持，婆婆可能会逐渐意识到，自己与儿媳的矛盾是不可避免的，但她无法将她从儿子的心里赶走。

这种情况很理想化，乍眼一看似乎并不可能，但一个勇敢又善良的人就能够办到，这样的人富有同理心，即使是对那些想要羞辱和伤害她的人也是这般。如果这样都还行不通，妻子也许能使丈夫相信，不管他们多么真诚地想与婆婆和睦共处，婆婆都不会领情。丈夫认识到自己的妻子是一个忠贞且真诚的同伴，他能从她身上获取信心，通过她获得力量，他也许能从此走上建立独立人格的必经之路，不再依赖于母亲，这种独立是比较幸运的男人在不那么戏剧性和痛苦的情况下获得的。在任何情况下，妻子正确的行为（既不妥协，也不斗争，而是选择理解与帮助）都可以帮助丈夫和婆婆恢复两人间的平衡，阻止婆婆继续危害婚姻。当然，作为丈夫，也应该用同样的态度对待妻子的家人。他认为姻亲拒绝他、羞辱他，他们认为他不该嫉妒，也不该对妻子有占有欲。如果他认为自己有权要求妻子服从于他，如果他认为女性有义务离开家庭并跟随丈夫，那么他根本就不了解女性的本质。他可以强迫她服从，但他只会收获这种行为所带来的敌意。如果男性认为自己有权提出要求，那么这种要求是徒劳的，它无法作为解决困难的手段。不幸的是，当男性遭遇困境与矛盾时，他们往往没有准备好给予妻子勇气和安慰。他们的观念中充满了男性优越感，这阻止了男性表现出同理心以及对妻子表达理解。他们对自己的威望太敏感了，他们似乎觉得有必要为了自己的尊严而对女性发出要求和强制她们服从。因此，虽然问题是可能由姻亲所引发的，但实际上是由于丈夫的霸道和苛求所造成的。

经济困难

在分析婚姻不和的其他根源时，我们也要仔细辨别表面原因与本质原因。人们总是把婚姻不和归咎于经济困难。"贫穷一进门，爱情跳窗走"，听起来挺对的，但真是这样的吗？很多时候，经济困难反而阻止了婚姻的破裂，这不仅仅是因为夫妻双方负担不起离婚成本。在经济繁荣时期，离婚率有所上升，这也不仅仅是因为人们支付能力更强。

共同经历困难既可以拉近夫妻的距离，也可以破坏他们的婚姻关系。在经济萧条时期，有些人的婚姻会更为紧密，另一些人的婚姻则会破裂。任何困难都是对夫妻勇气和诚意的考验，也是对婚姻基础的考验。如果妻子只是为了经济保障而结婚，那么一旦丈夫收入不足，这种婚姻赖以存在的唯一基础也就消失了。另外，如果夫妻对婚姻有归属感，共同经历困难也会加强这种归属感，当他们处于困境时，许多不利于相互理解的小摩擦就会消失不见。当人们遭遇了真正的灾难，他们根本顾不上去关心个人威望。当生存受到身体、经济或社会的威胁时，人们任何想要变好的渴望，任何怕自己低人一等的恐惧都失去了意义。以前关心娱乐、外表和奢侈品的女性变成了她们丈夫真正的伴侣，不仅牺牲自己的舒适来帮助他们，甚至给他们提供经济支持。在这种情况下，许多夫妻发现了对方身上的优秀品质，他们以前从未注意过这些优点。

然而，不可否认的是，经济问题往往是婚姻破裂的直接原因。但经验告诉我们，除去表面上的冲突以外，还有更深层次的原因。正如我们先前提到的，也许这种婚姻关系的基础太过单一，不足以承受任何压力，或者其他方面的矛盾已经破坏了婚姻的基础，以致最后一根稻草就压倒了婚姻。我们不得不怀疑，婚姻破裂的背后就是人类合作的宿敌：人们对个人威望的过分强调。经济困难怎么会影响个人威望呢？要理解这个问题，我们必须认识到婚姻不和的本质原因，这些矛盾只是表面上源于经济困难。

男性是经济承担者

人们对于男女权利与义务的普遍看法给经济问题染上了一丝特别的色彩。许多女性根据男性为自己花了多少钱来衡量自己的社会价值，无论这位男性是自己的丈夫还是男朋友。丈夫的经济实力下降意味着女性自己的社会声望受损，这是不可容忍的。任何胆敢危害她的虚荣心、威胁她的社会地位的男性，都要承受她的蔑视和愤怒。在此基础上，他们开始争吵和互相指责。凡事都有两面性，不只是女性有这种想法，男性也常常认为自己的地位与他们赚多少钱有关。这种观念被广为接受，至少在经济萧条期之前是如此，任何一个没有收入或没钱的男性都被视为失败者。相比于女性，没有工作这件事对男性来说会更难承受。失去工作或财产的丈夫会深深感到无力，这种无力感促使他更迫切地从家庭中争夺个人威望，这严重扰乱了婚姻的平衡。

如果丈夫没有或不能支撑起家庭开销，双方需要花费极大的勇气深深抛下尊严感才能维持住婚姻的和谐。妻子们倾向于把丈夫的缺点看作一种人身侮辱，她们通常把男性在赚钱方面的失败解读为对于妻子和家庭的忽视。而丈夫深深体会到了自己的无能，即使他的骄傲使他不敢表露羞耻感。但他的所作所为清楚地表明，他无法弥补自己所谓的失败，还会给他人带来困扰。他也许会躺在床上，拒绝再做出任何贡献，以此有意或无意地进行抗议；或者他会扮演暴君，对家里的其他成员提出要求和发出命令。妻子通常根本不理解他为什么这样做，当他越来越不愿意为家庭付出时，她会更加愤怒。她认为如果他不工作，就更应有责任承担家务。她没有意识到，他认为家务劳动是女性的事，因此做家务会低人一等，这种观点让他感到更加羞耻。她的唠叨使他越来越叛逆。

如果男性受过这方面的教育，认为家务劳动并不低人一等，女性也不把养家糊口完全看作男性的责任，那么丈夫失业就不会造成任何问题。对于艺术家、演员、作家、律师或科学家这些从事专业性工作的男性，情况有些不同，这些丈夫的地位不那么取决于他的收入。在上述这些或类似的领域里，一个男性可能在职业上获得了地位，但仍然贫穷，妻子仍然可以为他感到骄傲，即使是她在养活他。这一群体中的女性往往瞧不起对家庭唯一的贡献是经济性支持的男性。

男性是家庭唯一经济来源的观念有所变化，这导致了另一方面的新难题。妻子渴望外出工作，靠自己挣钱，但许多男性憎恶这种想法，他认为妻子如果工作就是对他个人的羞辱。实际上，这是一场关于霸权和威望的斗争，它导致许多男性不支持妻子的事业。对于一个想要为家庭做出贡献，并且寻求个人认可的女性来说，解决这个问题并不容易。不管是斗争还是屈服都无济于事。斗争可能导致婚姻关系破裂。即使她赢得了斗争，他也始终会对她的胜利怀有怨言，在某些情况下，他可能会因在与妻子的斗争中太过气馁，以至于影响到他自己的效率。而如果她屈服了，那必然会酝酿出怨恨，这要么导致她过上不快乐且空虚的生活，要么导致她对自己善妒的丈夫感到厌恶，想要脱离他。

夫妻之间发生冲突并不意味着他们就不能重新达成一致意见。许多有能力且渴望事业的女性自愿放弃了事业，因为她们意识到这会对她们丈夫的发展造成多大的困扰。然而，这种决定不能被视作"屈服"，它是妻子充分考虑这样做所带来的益处后，慎重做出的决定。但是，如果女性真心对某些工作感兴趣，并决心坚持下去，那么向威胁与恐惧妥协并不能解决问题。她应该在发展事业的同时找到维系婚姻的办法。这就要求她能赢得丈夫的认可，而争论和眼泪、威胁和指责，只会使夫妻彼此对立。投身于事业的女性十分勇敢，她们能足够的体贴与坚定，从而让丈夫相信，如果她找到了自己想从事的工作，他也不会失去任何东西，甚至不会失去他的男性优越感。

不管夫妻间的冲突是由于丈夫没能提供经济支持，还是由于他想当家庭唯一的经济来源，如果不想造成严重后果，道理都是相通的，我们应该尊重它。妻子首先必须认识到丈夫的问题，并帮助他解决问题。他需要鼓励，即使不是因为他在试图扮演暴君。丈夫不让妻子有自己的事业，这说明他感到灰心，他害怕自己将无法再维持自己的优越感。向丈夫证明他的要求是多么错误，只能证明他质疑她的忠诚是多么正确。每当夫妻双方的威望受到威胁、彼此不信任或缺乏信任感时，讲逻辑、说道理是没用的。并不是夫妻哪一方羞辱了另一方，自己就不会被羞辱。向对方表达真挚的感情、流露自己的爱意，能够增强归属感，帮助双方达成一致意见。在开诚布公且充满信任的氛围中，最具争议性的问题就能得到解决。当然，一个妻子如果从不相信丈夫会支持自己的事业，也不相信她能让丈夫理解她的想法，她只能做好迎接斗争和失望感的准备。

妻子的战略地位

人们对伴侣进行质疑，通常是因为他们在无意中想要证明自己的优越感，有的问题表面看来无法避免，但其背后真正的推动力便是这种质疑。公众同情和钦佩酒鬼的妻子，因为她既能忍耐，又十分忠诚，她对家庭的贡献往往比任何人想象的都大。这种情况很常见，一个有抱负且做事高效率的女性却选择了一个软弱又不可靠的丈夫。当她为自己引导和"拯救"他的意图而自豪时，她实际上只是在称赞自己的美德战胜了他的邪恶。这种女性让任何男性都难以变好。她的美德是如此深入人心，他根本无法与之匹敌，只能故意做出不当的行为来推开她，只有这样才能得到一点小小的安慰。他很少意识到，折磨她只会更让她感到光荣。酒鬼的妻子往往就是典型的烈士，她承受得越多，就越"圣洁"。

回顾这类婚姻的历史，我们发现，妻子在许多时候都可以阻止丈夫喝酒。在他仍然关心她，但还没有被她的轻蔑和唠叨充分激怒的时候，他心中某种坚定的信念可以使他意识到自身行为会引发的后果，那就是失去她。但是在每次争吵之后，在每次威胁之后，她都妥协了，相信了他的承诺，尽管她知道他永远都不会遵守这些承诺。想要帮助酒鬼戒酒，先需要影响他们的妻子。女性的"圣洁"和男性的邪恶结合在一起，是典型的殉道。这种奇特的平衡从来都不是男性一方的错。

虽然听起来好像可以把夫妻间的冲突归咎于女性，但我们知道，没有一方是完全正确的，也没有一方是完全错误的。不幸的是，如果婚姻不和谐，相比于男性，女性会更加痛苦，她们对婚姻和谐十分依赖，这让她们对此更加敏感，也赋予了她们更多的责任。事实上，婚姻的命运通常更取决于妻子的行为，而非丈夫的行为。几个世纪以来，女性一直在接受有关家庭生活的训练。只有男性非常强烈的抗议才能控制住她们对于婚姻这件事"天生就有的兴趣"。女性过去是，现在仍然是被支配的性别，但她们其实才是幕后的操纵者。这种地位促使女性使用其他方法解决问题，而非粗鲁又直接地攻击别人，这是男性才能做的。人们将女性比作猫，因为她们善于使用计策，这一特质弥补了她们在体力上的不足。男性跳舞时，女性就为他们伴奏，而非让女性跳舞、男性伴奏。这并不意味着女性不需要男性所需要的那些鼓励和帮助。只是女性很容易展示出她们需要受保护的一面，男性的骄傲却在阻止他们做这件事。通常情况下，最强大的男性本质上也像个孩子，而最弱小的女性却拥有如同母亲一般强大的影响力。这就是为什么我们必须帮助女性去管理她们的丈夫，而不是等着男性自己学会将妻子视为合作伙伴。

无论何时出现兴趣上的冲突，这种引导合作伙伴朝着共同目标前进的能力都是必要的。兴趣冲突无处不在，因为我们不能指望两个人有相同的欲望、兴趣、关注点，以及喜欢相同的娱乐消遣。在某些情况下，共同兴趣的范围很广，在另一些情况下这个范围又很狭窄。毫无疑问，婚姻之初，夫妻有着广泛的共同目标作为基础，双方都很容易保持对婚姻的参与度，但在任何情况下，夫妻双方都必须扩大自己的兴趣领域，以适配对方先前所受的训练、所参与的活动和所关注的东西。要求任何一方放弃以前的兴趣，就因为另一个人对此不感兴趣，这样似乎不太明智。积极的愿望比消极的厌恶更具影响力，如果其中一方能克服最初的厌恶情绪，就能扩大双方达成一致的基础，而放弃愿望会缩小这种基础，也会导致怨恨。从教育角度来看，这种对新事物的适应会带来成长。从心理角度来看，它会带来成就感和提高个人的社会价值。夫妻双方都应该做好准备，公平地尝试对方所喜欢的活动。夫妻真诚地参与对方所喜欢的活动，也能帮助他们放弃一些对伴侣来说太难或太陌生的活动。

女性需要主导如今的婚姻，其中的原因不止一个。这不仅因为她受过的训练，或天生就更擅长劝说和影响对方，也因为目前女性通常比男性更愿意扩大自己的兴趣范围。如果丈夫是一位艺术家、科学家或在一个特殊的文化领域工作，那么他通常也会让他的妻子对他从事的活动感兴趣。如果他做不到这点，他的婚姻注定要失败。但是太多的男性只对生意和工作感兴趣。他们的业余爱好仅限于政治，以及同男性朋友喝酒、玩耍来进行娱乐。艺术、书籍、音乐、心理学和其他文化活动也不幸成为女性的特权。很少有男性抱怨他们的妻子想待在家里，拒绝去听音乐会或看艺术展览，但女性经常表达这样的不满。

培养新兴趣

无论是哪方想让伴侣参与对方起初已经拒绝的活动，都必须先征求对方的同意。要求对方做某件事只会让双方对立、相互怨恨以及对彼此感到失望。一位女性抱怨说，她的丈夫只对读报纸感兴趣，根本不喜欢读一些好书。据她所说，有一天，她给他读了一本哲学入门书籍中的一段话，这本书相当有深度。她注意到他没有听，就又把这页读了一遍。在他更明确地表现出他的不满之后，她很生气，不再尝试给他推荐任何好书。有些时候，妻子给丈夫推荐艺术作品或者书籍，但这些尝试就这样毫无波澜，让人觉得妻子既不是完全没有过错，也不像她所认为的那样真心担心他缺乏爱好。相反，妻子的抱怨中藏着一种深深的满足感，这便是她对于自身优越感的满足。此外，她的尝试会更加打击并威胁到丈夫的自尊，因为这些尝试发生在他需要耐心帮助的时候，这样他才能克服之前产生的气馁情绪并纠正先前错误的训练。

这件事无关技巧，只有态度能决定成败。真正的爱与奉献、真诚的欣赏与尊重，会带来相互的满足与服从。即使没有接受过心理学方面的专业训练，对伴侣真正的兴趣都会帮助你明白丈夫为什么不愿意招待朋友或参加聚会。他的疲倦不是真正的原因：如果他更喜欢社交，他就不会感到疲倦。例如，和朋友玩一场纸牌游戏可能会立即唤醒他的精力。但除了打牌之外，其他事让他觉得"无聊"。他可能与某些客人没有共同兴趣，因为他没有受过关于如何参与社交的训练。他可能仅仅是觉得和别人待在一起是浪费时间，因为这样的活动不会取得任何实质性的成果。他可能是一个唯物主义者，可能认为物质上的好处才是生命中唯一有价值的东西。或者，他只想胜过别人，尽管在工作中、在家庭中、在那些欣赏他的同事眼中，他完全就是这样杰出的角色，但在更大的熟人群体中，他感到失落，没有人会特别关注他，其他人不仅擅长社交技巧还机敏圆滑，他可能竞争不过他们。

于是，一个天生就有同理心，并且理解丈夫想法的妻子，会设法安排社交活动，并给他带来一些满足感。她也许会小心翼翼地试着改变他的观点，也许能把他以前不知道和不认可的价值观带进他的生活。为什么让丈夫发现和睦的家庭和美味的饭菜的乐趣，要比发现一本好书的乐趣更容易呢？即使他以前两种乐趣都没有体验过。有人可能会说，虽然他以前可能没有吃过美味的家常菜，但他肯定吃过家常菜。这种反对的观点是站不住脚的，因为相同的道理还可以用在别的地方：虽然他以前吃过食物，但吃的并不是美味的食物，所以他当然也读过书，但读的不是好书。他可能听过音乐，甚至可能喜欢音乐，但从未听过更为美妙的音乐。他必须学会欣赏妻子喜欢的美妙音乐，以及她做的食物、她赞赏的书籍。

在这种情况下，关键就在于妻子是真的希望她的丈夫认可自己的厨艺，因为这种认可会提高她的威望。如果她真的希望他喜欢"好"书，她可以以重视他的观点为理由，来呼吁他对她自己的观点进行补充；或者让他喜欢上自己特定的陪伴方式，鼓励他表达对他人观点的独到看法，否则她就无法享受其中。究其根本，她的呼吁必须真的能增强他的自尊，而不是削弱他的自尊。

人们一开始容易对新事物有所排斥，这很奇怪，也令人困惑。一般说来，人们的喜好在很大程度上受到重复性经验和训练的影响。如果某个人在体验新事物时，没有付出精力来保证这种体验是愉快的，那么他必须花更多的时间和精力来克服对新事物更强烈的排斥感。一个妻子想让她的丈夫享受听音乐会的快乐，而他以前从未"理解过"古典音乐，就得从长计议。她在选择音乐会的节目单时必须谨慎，还必须考虑一些其他的刺激因素。那应该不难，只要他喜欢和她在一起，喜欢让她满足。但是许多女性很傲慢，她们认为男性在消费领域低人一等，这降低了她们成功的概率。男性对更具文化价值的内容是抵触的，这让她们不满。她们没有认识到一位男性必须克服多少东西，而只是对他的忧虑和犹豫感到不满。因此，本应给双方带来愉悦感的东西变成了争论的焦点：一方认为这项义务让人感到不愉快，另一方觉得被剥夺了"权利"。

虽然通常是妻子试图劝说丈夫，但在某些情况下，男性也可以是对文化活动更感兴趣的一方。无论如何，他想让妻子也能对此感兴趣，这对她来说可能是全新的体验。一般说来，比起让男性喜欢上女性的兴趣活动，女性会更容易喜欢上男性的兴趣活动。当一个女性喜欢一个男性时，她不会觉得跟随他的领导会威胁她的威望，即使是进行一些更适合男性的兴趣活动，如体育运动。只有当他的兴趣爱好会让彼此疏远，她无法与他分享他的乐趣（例如，集邮、手工艺、木工工艺和技术性的"修补"）时，她才可能对他的娱乐活动感到不满。

如果双方都不干涉彼此的兴趣，彼此都表现出宽容和理解，那么双方都可以享受对方无法或不愿与他人分享的快乐。因此，双方"兴趣不投"从来都不是造成失望的原因，这是他们合作受损和对彼此的兴趣日趋减少的结果。事实上，夫妻对同一领域甚至同一工作有着强烈兴趣,往往会给他们的摩擦和分歧带来更多转机,尤其是在两人间的竞争变严重的时候。一对夫妇,结婚后幸福地生活了数年,在共同生活的过程中产生了相同的兴趣,他们共同的经历、事物的变迁、愉快和不愉快的记忆,以及因为彼此而获得的满足和担忧,都是牢固的纽带,最终当他们年老时,他们不仅行为会相似,长相甚至也很相似。这种融合不仅仅是由习惯带来的,它更为广泛、深入,使夫妻对同样的东西喜恶相同,对生活中大大小小的事有同样的看法。夫妻会在生活中自然而然培养出共同兴趣,这也意味着,只要他们真诚付出努力,就可以消除可能给彼此带来困扰的对立关系,并让闲暇时间成为一种享受。

D太太的案例很典型:她与丈夫的兴趣不同,也因此影响了婚姻和谐。她是一位年轻女性,有着广泛而丰富的兴趣爱好。她嫁给了闺密的哥哥。由于她和闺密趣味十分相投,她希望闺密的哥哥也能跟自己有共同的兴趣。在短暂的恋爱过程中,他非常殷勤,会参与她的兴趣活动。在他还在军队服役的时候,他们结婚了,不久后他就去海外执行任务,在他回来后,他们才开始真正熟悉彼此,然后她开始觉得失望。她发现他对古典音乐没什么兴趣,只对轻松的轻歌剧感兴趣,并且他的政治信仰与她和她的家人持有的信仰背道而驰。她觉得自己受到了欺骗和伤害。他不愿意欣赏音乐会,她越是为此与他争吵或者批评他,他就越坚持自己的立场。他们的争吵和摩擦很快影响了他们的性生活。她失去了性兴趣,他则索求更多,她觉得自己受了虐待,不再做出回应。现在,当她来寻求建议时,她已经开始认真考虑离婚问题了。

听完她所有的抱怨之后,我建议对他们两个人一起进行一次面谈。在接下来的三方会谈中,很明显能看出,他非常爱她,他觉得自己在这段关系中很幸福,他不理解她为什么不幸福。他表示愿意做任何必要的事情弥补她。但她坚持称,他以前承诺过要合作,却没有遵守诺言。他承认,他不明白自己为什么总是忍不住要跟她作对,为什么即使想满足她的愿望,但总是反其道而行之。

很明显,她的抱怨完全正确。从逻辑上讲,他错了。但分析心理层面的原因,是她造成了两人间的所有冲突:她的怨恨、压迫和不认同导致了这种摩擦,危害了她的婚姻。由于丈夫愿意继续维持婚姻,所以D太太才是关键人物,这段婚姻的全部命运只取决于她的态度,我认为她是需要帮助的那个人。

仅仅在几次咨询后,情况就完全改变了。当D太太逐渐认识到自己在与丈夫的对抗中扮演的角色时,她停止了挑衅和怨恨。第一点变化就是他们的关系迅速变好。他们又变得友好起来,并且亲密无间。自从她再次在性生活中给予他回应后,他就不再要求那么多了。从那时起,她学会了用不同的方式拉近与丈夫的关系。 她意识到,当他们去听音乐会时，她也应该体谅他坐着观看一个沉闷的节目有多困难，而不是和他争吵，并断定他不懂音乐的美妙之处。在讨论政治话题时，她可以鼓励他表达自己的观点，欣赏他拥有不同的视角，而不是责备他的观点是错误的。她认识到，虽然她控诉他的独裁，但她自己对他的政治见解也并不包容，这肯定也称不上是民主的。她带着这样的心态称赞他，可以预见，丈夫的意见和品位会逐渐变化，变得与妻子的意见与品位相似，她之前对他的不认可强烈且具有羞辱性，这伤害了他的骄傲与自尊，也是他与她对立的主要原因。

这段婚姻能得到修复，主要是因为D太太认识到，光在逻辑上正确是不够的，首先她必须接受他真实的样子，其次她必须从自己开始改变，考虑自己能做些什么。

娱乐活动和社会参与

当代社会，我们比以往任何时候都更能认识到娱乐对平衡生活的重要性。和找到一份适当的工作一样，人们同样有责任去合理地使用业余时间。除非我们安排好我们的娱乐活动，否则我们既不能全力以赴地工作，也不能履行对朋友和家人的义务。每对夫妻都要做到这点，他们不仅要学会如何一起工作，还要学会如何一起享受生活。

然而，在当下的生活中，苦难将我们包围，到处都是摩擦和仇恨，我们还有可能享受生活吗？享受生活的方式有很多，只要你能从中获取快乐。你可以与他人大声分享你的快乐，也可以安静地享受其中；你的快乐可能使你充满激情，也可能让你获得内心的平静。但是，快乐总是代表着你要去高度接纳某样东西。想要享受生活，就不要站在生活的对立面，也不要把怨恨当作自己的情感底色。做到这些，夫妻就可以在性生活中让彼此快乐，也可以单纯地享受待在一起的感觉，无论他们各自在做什么。他们喜欢一起去一些地方，喜欢在旧的兴趣允许的范围里发展新的兴趣。但他们永远也不应该忘记，婚姻建立的关系不能取代每个人所属的更大的群体：朋友、组织、国家和人类。

不管两个人在一起有多幸福，如果他们联合起来共同对抗整个世界，他们就会为此付出代价。以远离他人为基础的婚姻，可能会给夫妻双方带来深深的满足感。但是总会有一个人会比另一半活得更久，那么这个人将无法回归生活。如果他们有孩子，他们就会保护孩子，使他远离外界影响；无论他们能否成功地让孩子与外面的世界保持距离，他们都注定要受苦。夫妻组成的亲密小圈子必须融入一个更大的圈子中去，这个圈子由两个人共同的朋友和所属的群体构成。与朋友社交、参与社交活动会让夫妻更加团结，这是家庭生活的必要补充，因为工作和娱乐是相辅相成的。忽视两者中的任意一个都是有害的。

社会交往和对宗教、艺术、科学以及政治的兴趣，并不是丈夫或妻子不切实际的抱负，比起婚姻，它们代表着对一个更大的圈子的归属感，这种归属感有着更广泛的基础。任何一方如果倾向于与世界保持距离，都代表着他内心深处充满敌意，对社会也缺乏兴趣。通过前面提到的活动，我们参与社交活动或是与他人进行精神交流，我们分享这些人的思想和成果，我们实际上在成为人类的一部分，所有人都在不断进化，我们的婚姻也在这股进步潮流中融为一体。婚姻越被这股潮流吞没，它就越能作为一个整体融入生活，婚姻也会越稳定、越安全。夫妻双方共同的好朋友能在患难时提供宝贵的帮助。共同的朋友不仅给婚姻增添情调，还能缓冲两个人在共同生活时避免不了的困难、失望、冲突和对立。

失望的真正原因

在具体的问题和表面的摩擦背后，反映的是夫妻基本态度的不同和观念上的错误。很多时候，人们感到失望，这是因为他们将过去的期望与现状做比较。不幸的是，这两者都经常被误解。我们很少意识到我们期望什么，我们也经常误判我们拥有什么。我们的经历是符合我们实际上的预期情况的，只是我们没有意识到自己到底期待什么，也没有认识到自己也是现阶段这种失望情绪的罪魁祸首。我们把痴心妄想和实际预期混为一谈，当事情发展偏离我们的愿望时，我们不会责怪自己的计划有误，而是责怪自身以外的因素。我们所有人都想获得内心的平静与幸福，但我们真的觉得自己能做到吗？我们并不这样认为，于是，我们很少付出行动去实现它。

我们总是觉得做什么都会出差错，好像幸福是遥不可及的。我们甚至不指望自己能应对困难，因为我们不相信自己有能力将它处理得当。我们拒绝承认，自己也是导致现存的问题和困难的原因。我们感觉被挑衅，却没有意识到我们自己是如何挑衅另一半的。

但只要我们心中充满信心和希望，我们就能承受失望和不满。但也会有那么一刻，我们觉得自己无法再忍受下去了，我们心里有些东西破碎了，带来了无法弥补的伤害。其实没有什么是不可挽回的。但这种心灵上的崩溃，有时甚至是身体上的崩溃，让我们下定决心封闭自己，拒绝继续合作。当下发生的事情从来都不是原因，它只是"最后一根稻草"，是一条已经磨损的纽带，它承载不了如此多的压力。对于一个勇敢的人来说，问题存在的意义只是被解决，他从没想过放弃。他也决不允许自己与另一半渐行渐远。

我们自己的行为和态度不仅影响着我们生活的环境，也影响着我们周围人的行为。在一段美好的婚姻中，夫妻双方仅仅是生活在一起，就能变成更好的人。在一段失败的婚姻中，夫妻双方都会激发出对方最坏的一面。最后，两人的性格会变差，也更不愿意携手共进。敌意、压抑和指责所带来的影响是破坏性的，会导致双方相互逃避责任。夫妻双方都没有安全感，在受刺激后表现出愤怒情绪，做出惩罚性和报复性的行为。双方都变成了对方所厌恶的样子，很不幸，这通常并不是好事。然而，双方在有一点上意见是一致的，也就是，都认为对方是错误的。

寻找解决方案

必须强调的是，这些说法并不是纸上谈兵，而是非常实用的。只要改变自己，我们就能轻易改变自己的生活以及周围人的态度。不过改变自己并不容易。只有一个人自己开始认识到，并且承认做出改变是有必要的，改变才是可能发生的。太多的人想教育伴侣，从而改变对方。有多少人甚至婚姻之初就想着要改变另一半！在共同生活中，我们确实会影响和改变彼此，但这种改变不能一味地通过伴侣来实现。只有通过我们自己的行为，才能影响那些与我们一起生活的人。

在婚姻关系中发生的任何事情都是夫妻双方互动的结果。我们应该认识到这样的事实——如果我自己改变了，他也会有所改变，而不是一味地提出要求——如果他能改变，那我也很乐意有所改变。即使一方的态度有最轻微的变化，也会立即反映在另一方的行为上。在不知不觉中，我们会拥有强大的感知力和非凡的协作能力。不幸的是，比起如何取悦对方，我们更了解如何与对方争吵、如何伤害对方，因此，我们更擅长进行争吵和对峙。通常来说，我们需要付出更多的时间和努力才能取悦对方，特别是当争执已经出现后。在婚姻关系中，夫妻间往往一开始就存在一定程度的争斗、竞争、敌意和不信任，而要在夫妻间建立真正的信任，两人真正变得友好，需要双方不懈的努力。

不是说大多数人都是坏人或带有恶意。每个人都有好的一面，也有坏的一面。夫妻双方都有能力激发出对方好的一面，也有能力激发出对方坏的一面。但他们对彼此了解多少？他们住在同一个房间里、在同一张桌子上吃饭、睡在同一张床上，他们全部的生活都因共同的活动紧密地融合在一起，但他们对彼此的了解却少之又少！两个人都知道对方的习惯（大多令人讨厌）、特点、偏好和容易生气的点。这一切与更深层的人格、与期望和恐惧、与对生活和自我的观念、与促使人们以特定方式做出某些行为的原因，有什么关系呢？夫妻只看到了表面现象，没有抓住其本质。当他们感到失望，他们希望消除双方的矛盾，却又不愿意满足对方的需求。

奇怪的是，很多时候，夫妻分开后却开始比以前更了解对方。两人间的冲突、对彼此的恐惧、对威望的争夺，已经蒙蔽了他们。在指责对方的同时，他们试图为自己的不适应找借口。他们忽视或粗暴地对待另一半的基本需求，把全部精力用在为自己的目标而战斗上。夫妻对于对方的评价一般都是正确的，尽管双方的观点似乎相互矛盾。但谁对谁错并不重要。从自己的立场出发，双方都是正确的，而从对方的立场出发，双方都是错误的。重要的是，如果我们爱一个人，我们不会过问他是对还是错。这就是人们为什么说爱情是盲目的。但其实爱情不一定是盲目的。情人之间总爱说："我爱你，你并不需要完美，我爱的是你本身的样子。"但后来，当我们的自尊和威望受到威胁时，我们再也无法这般对待彼此。在我们为了自身的优越感战斗时，会从对方身上找毛病，并以此为理由拒绝继续合作。要想获得幸福，谁对谁错并不重要，但去接纳对方的缺点和优点很重要。

当婚姻出现不和谐和失望情绪，威胁到婚姻的存在时，或者当问题还没那么严重，仅仅让人没那么愉悦和满意时，我们必须从接纳对方做起。改善现状的第一步是接受现状，无论它有多么不愉快。寄希望于现状自己发生改变，是徒劳的。正视问题，勇敢面对，是知道如何摆脱困境的前提。这实则并不容易，因为我们总是瞻前顾后、犹豫不决。但逃避没用，它解决不了任何问题。当我们鼓足勇气直面问题，并试着从"我要怎样改变情况"的角度思考时，我们就走上了正轨。只要我们放弃通过斗争和蛮力解决问题的幻想，相信自己有解决问题的能力，承认另一半也在承受痛苦，那我们就找到了解决办法。这个过程可能很缓慢，可能我们一开始还不太能胜任，但随着我们的胆量和洞察力得到提高，我们会越来越自信，不再那么脆弱，做事也更有效率。

几乎在每一段婚姻中，都存在着许许多多的冲突，下面提到的案例就是无数婚姻的缩影。如果夫妻双方都能理解对方做事的潜在动机和目的，如果他们不相互怨恨、相互控诉，而是从我做起，改变现状，那么这些冲突应该就不会发生，或是能轻易得到解决。

M太太向我咨询一件事，这件事在她看来微不足道，却对她的婚姻产生了威胁。她结婚一年左右，与丈夫相处得非常好。他们的性生活很和谐，也有共同的社交生活，在一起很开心，而且对彼此都很忠诚。但最近他们产生了一次分歧，这破坏了两人间的和谐，也几乎影响到了他们婚姻生活的方方面面。

她说，尽管她做出了各种努力，还是无法让M先生按时将每周的食物和其他家庭开支的经费给她。她不得不每周向他要好几次钱，如果她不问，直到这周结束，他都会"完全忘记"要给她钱。她跟他商量、恳求他、威胁他，都没有用。他们越是争吵，他越是不按时给钱。她能做什么呢？现在他开始指责她花钱太多，他认为她上周本应省下一些钱。"从我每周的15美元中省下钱！让这些钱够花都够费劲了，因为他根本不想给我更多钱。"他在其他方面对她相当慷慨，她不明白他在家用上为什么就如此吝啬。

她该做什么来避免争斗和争吵呢？每次都是她最终屈服，要如何避免这种屈辱呢？我们完全可以理解她的窘境。她无法计划预算是多少，更无法计划每一餐吃什么。她不得不借钱，不得不还债，这两件事她都很讨厌。除了与他商量、恳求和威胁，她还能做什么呢？

这也是问题的关键所在。尽管大多数家庭主妇可能会像M太太那样行事，但她们都错失了良机。当小人物想成为大老板，如果他能对老板的想法有所了解，就能省去许多不眠之夜，少经历许多曲折，少浪费许多时间。很明显，M先生"不合理"的行为只是在逻辑上说不通。他当然没有这样做的"权力"，这样做也并不符合逻辑。但如果从心理学角度看，情况就不同了。他深爱他的妻子，程度之深，以至于她能随意将他玩弄于股掌之间。而她也这样做了，除了在生活开支方面没有这样。作为家庭的经济来源，这是他唯一能施展自身优越感的地方。在无意识中，他想要充分利用这份优越感。他希望她能请求他，甚至祈求他。如果他在每周开始的时候二话不说就把生活开支给她，那么唯一能代表他优越感的东西也没了。他本意是想接受另一种责任，而非权力。他没法向她解释这些，因为他自己也没意识到这种心理动机。因此，当她指责他的时候，他不得不使用看似合理的说法、站不住脚的报复和毫无根据的指责来反驳她，这让M太太更加气愤。他们的关系就此陷入僵局，这场战斗只会导致婚姻破裂。

只要M太太意识到现状，安抚好自己受伤的自尊心和内心的怨恨，她很容易就能找到解决问题的办法。她开始改变，她向他索要自己应得的东西，但不再心存怨恨。她希望他快乐，如果这份索求让他感到快乐，那为什么不满足他呢？一旦她虚假的自尊心消失，事情就容易解决多了。但是，还有一些问题有待解决。她不得不多次向他要钱，因为他没有及时把钱给她。但账单必须得支付，有时候就会遇到困难。那怎么办呢？聪明的M太太找到了一个简单的办法。她发现，如果她多次对他提要求，她可以从他那里得到上百美元，这跟得到15美元一样容易。他其实是个慷慨的人。因此，有几次她得到了上百美元，如果他没有按时提供每周的生活开支，她就有了备用金。他们完全没必要相互指责或为此争吵。

相比于要如何拿到生活费，她从这次经历中学到的东西更加深刻。她发现真正会危害婚姻的是两人间的竞争，他害怕变成"傻瓜"，他的爱与奉献会让自己成为她的奴隶，而她想要得到更多，她想成为"女王"，因为她富有野心和希望受到宠爱。在这一冲突中，她理解了危害婚姻的深层原因，而且找到了解决的办法。

婚姻咨询服务

理解自己与理解伴侣都不是件容易事，因此夫妻有必要向专业人士咨询，以帮助他们相互适应。心理医生帮助"正常人"解决他们日常生活中遇到的问题。精神病学这门科学不再主要用于诊断和治疗精神错乱和行为异常。人们对表现出轻微症状的人群进行分析，从而对人性有了新的认识。今天，我们可以利用精神病学的方法，帮助人们理解人类的个性特征和日常行为,这种理解有助于解决正常人(普通人)常见的问题。人们对人类问题的任何方面有更深入的理解都是很有必要的,精神病学的方法十分有用,有时甚至是必不可少的。丈夫或妻子真诚地希望走出危险的困境,努力纠正错误,解决当下的困难,从而寻求精神病学的帮助,这就是婚姻咨询。非专业人士在接受精神病学培训过后,也能提供这种服务。所有使用专业知识帮助人们解决困难的职业,比如牧师和律师、社会工作者和教育工作者,都需要接受心理培训,以理解不同的人格。

然而,在任何情况下,只要人们情绪上的不安、失望和挫败带来了更深层次的人格紊乱,或者当人出现情绪波动和神经症状,就需要向心理医生进行咨询。开设诊所供人们进行婚姻咨询的想法相对来说还很新颖,这需要精神病学家、社会工作者、心理学家和社会学家共同合作,给个人或夫妻提供帮助,这些专家根据大致信息给咨询者提供适当的建议,这种新颖的咨询方式符合精神与社会卫生学、社会福利与家庭服务的发展方向。[1]这样一个项目可能会遭到各方反对,但它反映出人们意识到了婚姻问题本质上是社会问题,也反映出人们倾向于为大众提供必要的帮助。可以预见的是,婚姻咨询这项新事业将逐步成为我们的社会制度之一。

---

[1]保罗·波普诺博士是婚姻咨询领域的先驱,他于1930年在洛杉矶建立了家庭关系研究所,提供个人咨询、公共教育咨询和研究咨询。

离婚问题

然而，当所有具有可行性的建议、一切的知识和指导，都不能阻止婚姻关系变紧张，也不能阻止夫妻在婚姻中相互对立时，人们似乎无法让婚姻维持在令人满意的状态。无论我们是否想要离婚，不可否认的是，有些婚姻不仅威胁到家中所有成员的幸福感，而且威胁到他们的精神，甚至身体的健康，那么离婚似乎是唯一出路。另外，我们也不能否认，许多夫妻在还能做出调整时（要么可以带着诚心去解决问题，要么可以寻求适当的援助），往往就选择了离婚。夫妻应该在什么时候，以及什么情况下选择离婚，是没有硬性规定的。然而，需要人们花费更多勇气才敢选择的解决方案，往往更好。有些人考虑离婚是因为他们是胆小鬼，他们想要逃避责任，拒绝服从对方、接纳对方，也拒绝为婚姻做贡献。还有一些人选择不离婚，哪怕这场婚姻是不幸的、令人痛苦的，他们还是要继续维持原状，因为他们害怕独自面对生活，害怕承担起照顾自己和孩子的责任。出于恐惧而去做某件事是十分危险的，它会让人更加痛苦与不幸。

但这也要看具体情况，它适用于我们需要消耗勇气和自信地解决某件事时。这是可能促使适当的离婚程序获得认可的一方面原因。但它仍然只是一个方面，它不是决定事情走向的唯一因素。如果选择离婚，必须考虑到所有相关人员的利益，首先是孩子的利益，但其实孩子在其中可能不剩下什么利益了。如果家里充满摩擦、羞辱、虐待和暴力，那还不如让孩子只跟父母一方生活，起码家庭氛围是和谐的。毋庸置疑，父母双方都对孩子的养育做出了贡献，但家庭的和睦和精神上爱与善的滋养比什么都重要。任何一个有责任感的人，在离婚之前都会深思熟虑。在做出任何决定之前，寻求专家意见似乎总是明智的，因为当事情涉及个人利益和情感时，人们总是很难做出正确的评估。

我们需要注意到，离婚本身就是一个婚姻问题，因此只有通过夫妻之间的协作才能解决。在任何婚姻中，离婚都是夫妻最后一次共同合作，但对许多夫妻来说，这也是他们第一次共同合作。如果夫妻没有认识到离婚是一项共同任务，必须由双方合作解决，那么离婚程序可能让双方长期处于矛盾、困难和痛苦中。在这种情况下，即使在离婚后，婚姻冲突可能仍然阴魂不散，特别是当孩子也牵涉其中时。

虽然有时候离婚是否合理取决于法官如何裁定，但法官很难了解到所有情况。夫妻能否离婚不应该只由法律来决定。只要没有考虑到导致争执和失望的社会和心理因素，任何法规在特定的情况下都是不公正的。如果不直接了解具体情况，没有足够的机会对更深层次的心理问题和所涉及的人进行分析，没有人可以决定夫妻是否应该离婚。无论离婚成功与否，想要避免离婚给夫妻造成的遗憾，是有解决办法的：那就是建立强制性的婚姻咨询制度，以此让人们有机会进行个人审视。每个人都必须有权决定自己是否愿意继续履行婚姻义务。在婚姻关系中，需要夫妻双方有意愿进行各种形式的合作，这种意愿是不可或缺的。

在以前，人们比现在更习惯于服从强制性的个人行为规范。只要法律禁止人们离婚，就可以使夫妻更愿意接受任何现有的婚姻关系。由于他们没有机会分开，他们可能更能随遇而安，接受命运的安排，或接受他们先前做出的事所带来的后果。在我们的时代，每个人都拥有自由表达自己的权利，任何强迫性的外部原因必定会让婚姻关系更紧张，让夫妻更加对立。

所以，在今天，通过法律途径来阻止夫妻离婚已经行不通了。夫妻会因此而感到怨恨，这让他们更加对立，对普遍的婚姻状况更加不满，以及更强烈地对抗整个婚姻制度。人们基于这种怨恨情绪采取反抗行动，无法让那些赞成限制离婚权的人满意。

要结束本章，我们还得讨论离婚后会出现的问题。一旦夫妻获得了"自由"，离婚对他们来说是否就意味着又回到单身未婚的状态呢？并不是。离婚人士的自尊心很可能已经严重动摇了。在充满竞争的生活中，我们的个人价值感取决于世俗的"成功"。任何被视为失败的事情都会反映出我们个人的整体价值。声望似乎比其他任何品质或能力都重要。人们常常将离婚视为个人的失败，尤其是女性更容易在内心认可这种错误的评价。她们认为离婚导致自己感到不安全，这在逻辑上说得通。然而，这种感觉只是反映了人们对自我的怀疑，他们更渴望得到保护，对公众对于离婚的反对和蔑视感到担忧。最终的结果就是：人们认为离婚是一种耻辱。许多离婚妇女对自己的未来缺乏信心，深信自己处于无望的困境中，她们要么完全放弃尝试新的、更稳固的婚姻，要么通过肤浅而廉价的方式寻求补偿。

如果她们能对上一段婚姻进行适当的分析，就能更顺利地进入下一段婚姻。失败的经历会让人产生恐惧，同样也可以帮助我们更好地理解婚姻，拥有更加成熟的世界观。这一切都取决于我们从以前的失败中学到了什么。我们对爱和性的态度反映了我们的人生观，我们与异性的关系体现了我们的世界观。一位努力生活、积极追求进步的女性，即使离婚了，也总能找到自己的一席之地。男性很少将离婚视为失败和不幸，他们更容易充分利用新获得的自由。与妻子或孩子不同，男性通常是第一个看到新机遇的人，他们会从摩擦和先前的失望中走出来，并充分利用新的可能性。

女性的社会地位

透过离婚这件事，我们可以看到社会对女性的错误态度。在以前，这种态度将女性严格约束在家中，如果走出家门，她什么都做不了，也不会有任何地位，她可以且只应该对一件事感兴趣：丈夫和孩子。在这种情况下，一旦离婚，她的事业也结束了。尽管这种态度在今天还是很常见，但这不仅不合理，而且十分有害。如今已不再是严格的父权制社会，女性在这种对丈夫和家庭的依赖中长大，会危害到她们未来的精神和情感健康，也不利于她们实现自身作为人的价值。人们如今越来越容易离婚，女性不仅对此毫无准备，而且对于潜在的失败感到恐惧，这使她们紧张和忧虑，往往也削弱了她们对婚姻危机的预防能力。她们没能认识到，自己走出家庭也能创造价值，这让婚姻问题越来越频发，且更加严重。

更年期前后精神崩溃的女性人数正在以惊人的速度增加。许多内科医生认为，更年期女性精神与情绪的崩溃主要源于内分泌系统发生变化，仿佛"生活的改变"仅仅意味着腺体功能在生物学角度上发生了改变。人们对患有更年期抑郁症的病人（从轻症到重度抑郁）进行了仔细研究和观察，结果显示，与其将原因归咎于体内的生物平衡失调，不如说是由于这些病人所处的生活环境发生变化，导致了她们感到不安。人们总是在那些优秀的妻子和母亲身上发现这种失衡，这些女性突然发现自己在生活中没有任何价值。在孩子长大离开家的时候，她们通常就会崩溃。祖母这个角色并不足以满足她们，因为现代的父母不允许祖父母干涉自己教育孩子，他们不想让孩子变得骄纵。而丈夫也在自己的事业和社会活动中找到了自己的位置，不能再像刚结婚时那样给予妻子那么多的关注和关爱。妻子把她的大部分时间和兴趣都用在照顾孩子上。现在她时间太多,无事可做,不知道该怎么办。当然,她在家里也还是能找到活儿做,但家中的事已经不再重要,且没有意义了。有了各种家用电器的帮助,照顾自己和丈夫已经不再需要女性将所有的身心都投入到家务之中,因此很多女性都想找份工作。然而,即使她们在家里做了很多义务劳动,却没有接受过任何重要岗位所需要的培训,也不具备相关的技能。所以她们只能待在那些没有什么权力且不是很重要的岗位上,这与她们在家庭中至高无上的地位形成了鲜明的对比。

在这种困境中,她们对未来不再抱有希望,并逐渐崩溃。讽刺的是,她们往往是最优秀、最有能力的群体。在这些家庭主妇中,许多人曾接受过大学教育,她们中的大多数本应为社会做出贡献,却在家务劳动中浪费了自己的才能。我们必须对父母、丈夫和妻子进行再教育,使我们这一代女孩与女性做好准备,在家庭之外发挥出自身最大的价值。当女性专注于家庭,放弃家庭以外的重要工作时,她们的许多优秀品质被忽视或浪费了。如此一来,一方面社会失去了她们能做出的宝贵贡献;另一方面当影响她们生活状况的事情发生时,比如离婚、孩子长大或者丈夫离世,她们会变得手足无措。其中,最后一项尤为明显,因为越来越多的丈夫比妻子先离世。首先,男性的平均预期寿命比女性短;其次,丈夫的年龄一般都比妻子大几岁。医学界逐步关注到老年人特殊的生理和情感需求,并建立了一个新的医学分支:老年医学。人们逐步认识到,女性只要活着,就需要实现自我价值,她们必须在家庭之外也能做到这点。

女性重新定位自身职业,很可能会与丈夫甚至整个社会产生更多的矛盾。但是,女性有必要在这方面做出调整,从而应对我们现在的婚姻问题与不断变化的社会问题。

第8章

父母身份

如果不生儿育女，婚姻还会完整吗？这个问题的答案很大程度上取决于社会环境。直到现在，没有生儿育女的婚姻还是会被人们认为是没有意义的婚姻。而且在某些民族和文化群体中这种看法仍然存在，一段婚姻里，如果没有生儿育女，这段婚姻也就失去了意义，因此往往会以离婚收尾。然而，人类对婚姻的认识已经超出了这种"自然主义"的认识，即结婚就要生儿育女。随着儿童死亡率的降低和人类寿命的延长，生育观念在不断变化，普遍的文化和政治观念决定了，相较于获得经济必需品，人类更渴望生养孩子。

经济条件与生育多少子女之间关系复杂。一般来讲，养得起多个孩子的家庭，比养不起孩子的家庭要少。一些夫妻会根据他们抚养孩子的能力来决定生育多少个孩子。想要孩子是件正常的事情，但我们周围的社会力量也会影响我们的思想。

计划生育

人类对外勇于征服世界中的自然力量，对内能克制自己，所以今天的人类能深思熟虑，决定自己是否要生育孩子。我们必须认识到，两性对立的社会趋势影响了我们，并使婚姻问题复杂化。

一方面，出于某些宗教需求和政治需求，人们会尽可能多地生育孩子。显然，从社会学背景来看，政治上是鼓励生育的。许多团体为争取到本民族或种族的优越地位，他们会要求人们大量生育，以此来获得更多的权利，补充军队力量，可以为他们战斗。我们更难查证宗教政策的社会意义。在"神圣天意"的观念里，人类没有权力决定生死，而是由上帝给予和夺走生命。影响当今许多家庭的第三方因素是截然不同的。正是因为人们的无知以及漠不关心的态度，常常让他们不能仔细考虑自己是否要为人父母。

另一方面，我们也面临着不同的压力，正好让我们限制生育。出于某种责任感，一些夫妻选择不生孩子，因为他们认为自己不能提供孩子需要的经济保障、令人愉快的成长环境、舒适且幸福的生活以及光明的未来。他们质疑在现在这样令人痛苦的时代中任何人生孩子的权利。这种质疑本身可能是出于一种真正的责任感，也有可能是遵循了马尔萨斯的思想[1],但也有可能仅仅是个人懦弱和胆怯的表现。一个更勇敢的人也许能看到子孙后代的未来,而一个胆小的人甚至连自己的生存问题都无法设想。假装负责的背后,往往隐藏的是自私自利。比起"妇女形象",女性可能更喜欢"少女形象";而有些男性则可能认为,积累财富比养育孩子更为重要。照顾小孩,常常可能会牺牲我们的闲暇时间,让我们失去出行自由。

本质上,这些生育或反对生育的理由,让我们很难判定在婚姻中有无孩子对婚姻的命运有什么影响。其影响的结果在很大程度上取决于婚姻中所涉及的道德力量。一对夫妻因为受到深厚的宗教情感或民族(种族)自豪感的影响而生了很多孩子,一对夫妻由于粗心或醉酒而生了很多孩子,这两对夫妻所面临的问题各不相同。另外,一对夫妻因为自私和恐惧而不生育孩子,一对夫妻真心相伴而选择不生育孩子,这两对夫妻面临的问题也是不同的。到底是出于对子女的真诚考虑,还是出于对父母的考虑而选择不生育,这对婚姻有实质性的影响。

自从人类学会了控制繁育以来,繁育后代的数量就呈现出明显的减少趋势。而且,婚姻的意义也随着女性的解放而发生改变。两性相伴在很大程度上取代了母性。即使没有生育这种"自然"的影响,爱情也变得有意义了。性不再仅仅

---

[1] Thomas Robert Malthus, An Essay on the Principle of Population, J. Murray, London, 1817.

是大自然强迫繁殖而使用的诡计。人类的性证明了性可以不受自然强迫。人类的性已经从作为生殖过程一部分的动物性驱动，转变为人类为了个人满足而进行的活动。爱使两个人为了共同努力而结合，生儿育女仅仅是他们婚姻功能的一部分。丈夫和妻子除了有潜在的父母身份之外，对彼此还有重要意义。

孩子的作用

然而，像以前一样，今天的父母身份在个人的生活中引入了一种新元素，并显著地改变了为人父母的功能。一旦我们为人父、为人母，我们每个人都超越了自己作为个体的个人局限，把"自我"扩展成了"我"。这个"我"仍然是"自我"，但又超越了"自我"。父母身份让夫妻感情更进一步，这种感情是其他任何共同归属感无法比拟的。无论我们是有意还是无意地把一个孩子带到这个世界上来，都最完整地表达了我们的社会情感，即我们是属于人类社会的情感。生儿育女表明我们深刻地、不言而喻地接受了我们的义务，为人类和人类的发展贡献我们最好的力量。对责任敏感，并愿意为他人承担特定责任的人很愿意为人父母。一个人对待生活感情深切，对未来兴趣浓厚，就很有可能渴望生儿育女。因为通过生儿育女，我们为人类奉献了比自己更重要的东西——我们的子孙后代。

在人的本性中，有征服死亡的欲望，还有对永恒的渴望，这种渴望在复活和轮回的宗教观念中表现得淋漓尽致。同样，在我们的工作中、在我们的贡献中、在我们的发明和创造中，我们都试图在精神上永垂不朽。其实通过生儿育女，我们已经永垂不朽了。我们想要通过工作和生儿育女延续我们的后代，但很少有人能认识到其中的全部含义。为了生存，我们工作，我们生孩子，这意味着我们已经克服了自身的局限性。我们越是把自己从肉体的限制中解放出来，就越少去强调我们自己真实血肉之躯的永存。因此，我们的工作、我们生育的孩子或者我们领养的孩子起到了一种作用：通过他们，我们在精神上和个人上（作为人类个体）一代代地延续了下来。

我们必须区分生儿育女的另一个动机。有时，父母想要生孩子，是为了让孩子继续他们自己的事业，让孩子完成他们自己无法完成的事情。所以对他们来说，孩子不是任何归属感或者任何社会利益的代名词。这样的父母并不想为人类做贡献。他们只想对抗命运，反抗世界，而孩子却成了他们的帮凶。他们与子女的关系反映出他们对命运和世界的强烈反抗。他们不承认自己的孩子是独立的个体。除非孩子彻底妥协，接受自己的角色，即自己是父母抱负和欲望的延伸，否则他们对父母而言毫无意义。还有担任类似角色的孩子，他们被父母视为狗或其他宠物的宝贵替代品。这些孩子的存在，仅仅是为了满足父母的优越感、个人虚荣心或感官上的满足。

对于那些视孩子为独立个体的父母，生儿育女不仅仅是为了他们作为父母的利益。只要这些父母得到了足够的关心和照顾，于他们而言孩子就是无尽的快乐和满足的源泉。相比没有孩子的男性或女性，有孩子的夫妻的生活更丰富多彩，兴趣通常更为广泛。这当然是真的，只要父母不为了个人的满足而把孩子当作神一样沦为孩子的奴隶。但父母的身份会改变男性。以前只对工作、电影、酒吧或赌博感兴趣的父母，现在可能会意识到公民机构、公共卫生条例和教育设施的重要性。此外，陪伴孩子的父母会从孩子身上学到知识。假如他们不和孩子斤斤计较，他们也会保持年轻的状态。否则，他们可能很快就会对孩子的年龄产生怨恨，这会让他们衰老。而且，尤其是母亲往往会在年龄方面特别敏感。

在评价孩子在婚姻中的作用时，我们必须记住一个古老的真理：一切事物都可以用来行善或作恶。孩子可以是夫妻之间的纽带，也可以成为夫妻矛盾的根源。而这完全取决于夫妻是把孩子当作两人共同的宝藏，还是各自争夺的私物。孩子让父母背负了重大的责任，养育孩子是一件困难重重的事情，很容易让人想推卸责任。我们必须理解，在养育子女的过程中遇到不可避免的困难，会成为影响夫妻两人分享与合作的障碍。如果父母双方都明白"这些都是我们的问题"这句格言，如果父母双方都在抚养孩子方面团结一致，那么他们就会发现孩子对他们的婚姻意义重大，他们就会认识到结婚更深层次的目的。

只有这样，父母才有可能获得深切的满足感，而不仅仅是为所有不可避免的危险和担忧做弥补。

而有些亲子关系问题是我们这个时代所特有的。曾经占主要部分的大家庭现在已经不多见了。特别是在城市里，普通家庭就只有一个或两个孩子，很少有三个孩子，至于有三个以上孩子的家庭就更少了。在这些较小的家庭中，父母发现很难恰当地教育孩子，教他们适应社会。而在大家庭中，孩子们在一个自然形成的群体中长大，彼此之间相互影响。母亲也没有时间特意去照顾一个孩子，所以她必须给所有的孩子制定一些日常规则。但在较小的家庭里，孩子与父母接触更多。当在一个家庭里，没有替代物来补偿孩子所缺失的父母教育时，父亲或母亲不恰当的教育方法或者态度会对孩子造成长远的影响。[①]

父亲的作用

在我们讨论家庭内部的教育问题之前，我们必须阐明父亲和母亲各自对孩子产生的影响。以前人们就强调过，父亲

[①] "家庭是培养勇气的第一个最重要的温床，培养我们勇于尝试，从挫折中学习，建立客观观点以及合作的勇气。"（N. E. Shoobs and G. Goldberg, Corrective Treatment for Maladjusted Children. Harper & Brothers, New York, 1942.）

和母亲作为两种性别的重要性（见第54页）。

父亲在孩子的教育中扮演特殊的角色。父亲代表了生活中的男人应该是什么样的。男性在家庭中的地位很大程度上取决于特定家庭中盛行的文化模式。在男性占主导地位的群体中，父亲代表权力和权利。对于有这样一个父亲的孩子来说，他认为男性被赋予了绝对的武力、效率和体力。虽然在许多美国家庭中，已经摒弃了这种男性形象。但今天在世界大多数地方，这种男性形象仍然普遍存在。因为在我们的文化中，女性通常会选择比自己更高、更强壮的配偶，男性说话声音通常更大，身高也通常更高，这突出了男性占据主导地位的形象。一般来说，也是由男性赚钱养家，这就赋予了男性一定的权力，使男性成为"有本事"的象征。由于通常是父亲在工作和经营生意，所以他的话语和判断对其子女在工作和生意方面既可以起到鼓励的作用，也可能造成打击，在其他类似的事情上也是如此。由于工作，父亲陪伴孩子的时间有限，但这种情况下，父亲的重要性不但没有降低，反而提高了。孩子会期待与父亲在一起的短暂时光。只要孩子没有受到母亲的影响与父亲作对，他们会非常认真地接受父亲的建议、观点和意见。

尽管父亲对孩子的影响很明显，但男性普遍认为他们不应该干涉子女的教育。因为他们认为教育子女是母亲的特殊任务。出于各种心理原因，男性才会产生这种想法。我们可能会说，这是父亲对母亲能正确教育孩子的能力少有的真心尊重。虽然父亲常常觉得自己不适合养育子女，但他们也对母亲养育子女的能力持怀疑态度。这是父亲的一种手段，他们让母亲去犯错误，却为自己保留权利，将任何问题都归咎于母亲。男性不插手孩子教育的第二个原因是他们害怕被斥责，害怕别人说他们对教育一无所知。但是其实他们的妻子对教育孩子也不一定知道更多。不可否认的是，母亲是孩子生活中最重要的一个人，她们花费更多的时间来陪伴和照顾孩子。但这只是解释了为什么许多父亲表现冷漠，却并不能成为他们表现冷漠的理由。孩子需要受到父亲的影响。任何更关心孩子的幸福而不是自己的威望的父亲，都会想方设法来帮助母亲完成养育孩子这个艰巨的任务。

母亲的作用

在不同的文化模式下，母亲的作用几乎都是一样的。如果母亲和孩子之间的自然亲密关系受到影响，这并不是外部的文化或者经济状况的问题，而是母亲个人的问题。因为，通常情况下，母亲是第一个关心和照顾新生儿的人。她细心地养育孩子，在孩子出生后的前几个星期里与他亲密相处，满足他迫切的需要。对于母亲来说，孩子的事情高于一切。

一般来说，通过游戏（玩玩偶、玩过家家）和灌输式教导，对孩子的早期培养让女性产生了一种感受，即所谓的母性本能，这种本能刺激着女性尽可能地承担起母亲的角色。

如果母亲能充分利用她这种与生俱来的机会，而且不违背她的女性角色，那么母亲会很容易与孩子建立起亲密关系。只要母亲不干扰这种亲密关系的自然发展，每个孩子都会更多地倾向于依赖母亲。即使这个母亲在孩子身上花的时间有限，她也能维持这种亲密关系。因为重要的远远不是陪伴时间的长短，而是如何有效地利用这些陪伴的时间。如果母亲能够成为孩子的好朋友，如果她愿意去了解孩子，如果她能作为一个坚定而忠诚的同伴支持孩子，那么就没有什么事情能干扰到母亲对孩子的影响力了。如果母亲在任何情况下，不管有多么失望，都能表现出她爱孩子，那么孩子会非常尊敬她。

母亲的不足之处

诗人和艺术家热情赞美和歌颂的完美母亲形象，与精神病学家和教育家描述的当今的母亲形象形成了鲜明的对比。在这些令人震惊的案例中，我们发现，母亲竟是孩子适应不良和痛苦的根源。在我们现在的文化中，行使母爱似乎是一项要求近乎超人素质的任务，母爱远远不是指古诗中所描绘的幸福的东西，而是常常会变成邪恶的武器。在母爱的名义和假象下，一个气馁、叛逆、沮丧和充满仇恨的女人可能会要求别人赞扬她那些实际上是自私、可怖和专横的行为。

然而，指责我们的母亲是毫无意义的，因为她们自己也是受害者。如今，女性面临着一场争取权力的斗争。她们害怕女性成为次等性别，她们对自己的男女关系和婚姻经历深感失望。因为在我们的文化中，女性还没有赢得与其天赋和才能相匹配的地位。与男性相比，女性整体并不是一个不成熟、情绪不稳定、精神或道德上幼稚或发育不全的群体。人们有时认为女性不能进行抽象思考，这实际上是因为人们偏好实用性。女性具有独特的作用，这种作用是在一代代人的生活环境下形成的，而这些环境限制了女性的活动，并要求她们在为男性服务过程中发挥作用。因此，女性整体（就普遍看法而言）比男性更倾向于感知真正的价值观，更不容易受到虚构的且常常充满危险的谎言的伤害，而这些谎言往往会损害最好的男性思维。那么，为什么今天的女性作为母亲的极端案例比前几代人多呢？

当母亲和孩子之间的关系受到影响时，所有人类关系的败坏都变得显而易见。今天的人类为发展和谐的合作关系做的准备非常少。我们发现越来越少的女性做好了当母亲的准备，而这种准备需要社会利益充分发展的情况下才能做好，所以我们也不必对此感到惊讶。

比起关心孩子，更关心自己的母亲永不会是一个好母亲。这样的母亲深爱自己的孩子，与其说是关心孩子的幸福和发展，实际上不如说只是满足她自己的期望和要求。一个孩子可以给涉及多人关系的婚姻赋予意义，但我们永远不能要求孩子给一个人的生活带来意义。然而，这正是一些对生活感到失望，与丈夫有些疏远的女性对自己孩子的期望。她们想将孩子据为己有，把孩子当成她们原本空虚的生活的目的和意义。那这种想法算不算是爱呢？这根本不是爱。这只是对自己无用的一种补偿，是对服务的一种需求。

这样的一个女性，还没有在群体中找到属于自己的一席之地。她可能认为她只为孩子而活，但实际上，是孩子不得不取代她必须履行的所有其他义务。社交、工作和异性交往因为这种特别的"爱"而变得毫无意义。很多女性都把孩子当作是一种提升荣誉感的工具，来提高自己的声望。一些女性因为她们的美腿而获得别人的关注和赞美，而另一些女性则试图通过她们的孩子来获得关注和赞美。在更严重的情况下，孩子不得不成为一个受支配的对象。他必须适应，而且往往是以适应母亲的个人生活习惯的方式被抚养长大。他对生活的危险印象深刻，反对只有母爱才能保护自己。母亲通过灌输恐惧，以她毫无道理地称为"爱"的情感为借口进行控制，开始纵容和溺爱孩子，掌控孩子，让孩子完全依赖于她。她没有安全感，并且自我怀疑，她想成为孩子唯一信任的人。

在一段时间内，孩子可能会欣然接受这种过度保护，但迟早会引发矛盾。例如，当二胎出生时，母亲会把精力全部放在二胎身上，可能就会引发矛盾。老大会认为母亲不再像以前一样关注他了。如果此时还没有产生矛盾，那么当老大必须去上学，必须与同龄的孩子相处时，就会不可避免地产生矛盾了。幸运的是，我们现在的学校制度为骄纵的孩子提供了很多帮助，帮助他们适应社会氛围、培养勇气、培养独立的能力和社会情感。但这一切帮助都不能化解他们与母亲之间的矛盾。母亲要么把孩子一直密切地带在身边，然后孩子永远不能适应社会；要么就让孩子学会独立，但孩子会害怕母亲，甚至公然表现出对母亲的敌意。

养育孩子的常见错误

纵容和娇惯孩子，永远不能防止与孩子产生分歧，反而会导致更严重的冲突。在爱和温柔的表现之下，我们总能看到公然或隐蔽的敌意。这些"慈爱"的父母中，很少有人意识到自己和孩子之间的敌意及冲突。孩子表现出的所有行为问题都是敌意的表现，但是母亲很难意识到这一点。母亲也许无法理解为什么孩子会怨恨她，因为她坚信自己给予了孩子一切，并深深爱着他。然而，有多少母亲在无法阻止孩子独立的时候崩溃了？尤其在孩子的青春期，当孩子必须成长起来，或者变成了一个失败者，连母亲都像其他人一样讨厌自己时，发生了多少悲剧？

在保护和控制孩子的过程中，不仅仅是母亲，还有许多父亲也试图表现自己的优越感，而这种优越感正受到当今社会状况的严重威胁。一旦开始产生敌意，就没有轻松与平和了。在一个不和谐的家庭中，父母与孩子相互怀有敌意，会将孩子的缺点显现出来,还会进一步助长这些缺点。孩子犯错成了相互指责的根源,成了每个父亲或母亲为自己缺乏社会适应性找借口的机会,也成了他们把自己的敌意合理化的理由。这种敌意甚至可能从孩子一出生就有了,不带有一丝对孩子刚出生的爱和情感。幸运的是,自从人类学会如何避免不想要的生育后,完全拒绝生育孩子的现象越来越少。但是不管怎样,父母与孩子之间的分歧、家庭内部的争斗,让很多父母对生育孩子不再有十足的满足感。

养育子女是婚姻生活中艰巨的任务之一,难怪父母在养育子女方面常常失败。教育是门艺术,教育需要技巧,教育实践者必须受到仔细的培训。但是父母接受了多少培训呢?他们又对教育了解多少?而实际情况更糟糕,因为父母所知道的那一点点东西往往是错误的,甚至是有害的。没有经过正式培训的鞋匠是不会冒险开修鞋店的。但父母往往在几乎没有准备的情况下,仅凭他们从自己父母那里受到的教育,就开始了教育孩子的工作。

讽刺的是,父母试图模仿自己父母的做法,却完全忘记了当自己还是孩子的时候,也不得不忍受父母的不恰当的教育方式。小时候挨过打的父亲很可能有打自己孩子的倾向。这个父亲完全忘记了自己小时候受过的屈辱,忘记了父母用手或棍子抽打自己时,内心滋生出的仇恨和反抗情绪。这就是为什么很难说服父母相信,他们的教育方式和方法是错误的、失败的,甚至是有害的。从父母的教育态度中,我们能看到他们模仿的前几代人是什么样子。任何一个想要尝试改变教育方式的家庭，都会面临坚不可摧的传统教育观念的阻挡，这种坚不可摧的传统教育观念是代代相传的。这种精神遗产的力量甚至比任何物质遗产的力量都更强大，更具有决定性。某些民族或种族特性，是以生物遗传特性为基础而形成的，很有可能更多的是以在特定群体中代代相传的教育方法为基础而形成的。

要打破这个传统循环确实很难。让我们思考一下这种简单且传统的教育方式：殴打一个行为习惯不符合大人要求的孩子，即做"错事"的孩子，会对这个孩子造成什么影响呢？这些残酷和令人害怕的生活经历会扭曲孩子的性格，让他们对人的善良和友谊产生怀疑，不信任自己的同伴。而且，挨打的孩子会自然而然地反抗，这个行为会让他们再次挨打，使其身体和精神上双重受伤。另外，如果被打屁股的孩子还能保持勇敢，乐意交朋友，长大成人后，他会小心翼翼地避免任何可能再次受伤害的情况；他也许培养出了"坚强"和"坚韧"的品质，但是这些品质会逐渐让他的性格变得刻板又残酷，而这正是许多坚强和能干的人所付出的高昂代价。他们宁愿接受惩罚也不愿屈服，他们忽略了朋友、亲人和孩子的感受。

然而，长期以来，父母普遍认为打屁股是一个合适的教育孩子的方法，并且大多数父母现在仍然在使用这个方法。即使那些父母在理智上认识到打屁股是对人类尊严的羞辱和伤害，但他们还是会继续用这种侮辱性的手段来维护自己的优越感，并以自己"无法控制"情绪和"紧张压力"来为这种做法辩解。打屁股这一习惯性做法，是家庭内部营造民主、平和与合作氛围的障碍之一，是人们对人类尊严和人权认知较少的时代遗俗。

教育问题与其他同居生活的问题没有区别。教育孩子的过程揭示了一个人的总体生活观和人生观。因此，家庭氛围是影响子女教育的一个非常重要的因素。一个孩子的所有缺点、错误和过失，都来源于其家庭成员在对待彼此时所使用的错误方法。只有家庭各成员遵守人际关系的健康规则时，孩子才能为自己的人生做好充分的准备。因为家庭是孩子的第一个群体和社会单元，对他来说，家庭是生活的大体写照。而这种生活的写照是什么样的，全部取决于家庭对外面更大的世界的描绘有多贴切和真实。良好的家庭氛围会促进孩子树立正确的态度。当孩子面对世界时，他会根据自己在家里获得的经验和接受的观念，表现出正确的态度。

不幸的是，我们当今的家庭关系与外面的社会关系并不一致。尤其是当家里孩子数量不多时，我们的孩子常常被过度保护，变得以自我为中心。在成年人的世界里，孩子与他们并不平等，是受供养者。孩子几乎没有机会发挥作用，为家庭做贡献，以及靠自己找到自己正确的定位。孩子寻求被接纳的方式，是提出要求：要求别人提供服务，要求得到礼物，或者至少要求得到关注。对孩子来说，他们能够得到的，是能证明自己重要性的象征，他们有能力做什么倒并不重要。这种与人相处的原则与本书前面讨论的合作原则相矛盾。

父母的行为越符合合作原则，就越容易正确养育孩子。孩子对周围发生的事情有深刻的理解，知道一个人必须如何为人处世才能进步。所以孩子能够自发地调整自己，做出正确的行为。很多时候，父母双重标准，对自己采用一套规则，而对孩子又采用另一套截然不同的规则。比如，父母觉得孩子说谎是个令人非常愤怒的行为。父母不明白孩子为什么会撒谎，甚至他们会觉得自己因此受到了侮辱。但他们却完全忘记了自己曾经公然对邻居撒谎，甚至要求孩子替他们撒谎。父母期望自己的孩子勤奋努力，自己却又经常抱怨工作。他们对孩子说出"不当"的话感到惊讶，责问孩子是从哪里学来的。然而孩子只是复述了他们从父母那里听到的话罢了。如果一位母亲都还没有履行自己对孩子的义务，就要求孩子"听话"，那么孩子对她说"如果你对我不好，我就不打扫我的房间"，这能算是不可理喻的行为吗？然而，这位要求苛刻的母亲却被孩子说出这样的话惊吓到了。

父母很难意识到孩子和自己是相像的。父母不仅自己要求拥有扰乱秩序和破坏归属感的特权，他们还通常会纵容孩子拥有他们所给予的独有特权。放纵和压制一样，都是灾难性的。只有当管理整个家庭生活的规则，既适用于孩子，也适用于父母时，才能培养孩子的是非观念。如果父母用强有力且公平公正的道德规范来管理家庭生活，那么他们不需要对孩子使用特别的教育方法，就能培养孩子乐意做贡献、对自己实力和能力的信心，进而成为社会中必不可少的有用之人。

在哪里有这样教育背景和氛围的家庭呢？在哪里有这样具有勇敢和合作精神的父母呢？正如前面所提到的，我们的时代不利于组建这样的家庭，产生这样的父母。极度缺乏安全感，时时刻刻关注声望，阻碍了我们成为本该优秀的人。父母也不例外。

我们不能期望父母面对孩子时，能比面对其他竞争对手更乐意合作。这与期望家庭比整个社会更和平一样荒诞可笑。有了充沛的社会情感，我们能在任何地方找到出路；没有充沛的社会情感，我们在任何地方都找不到出路。孩子和其他人是一样的。他们可以像商业竞争对手一样威胁到他们父母的声望，甚至还有更糟糕的情况。父母很容易受到孩子敌对情绪的伤害。父母认为，他们的爱或纵容可以让孩子顺从自己。仅仅因为他们是父母，就要求孩子接受和顺从自己。如果父母把孩子的任何反对和不服从的行为都视为对自己人格的侮辱，这几乎是对"父母身份是神圣的"这一观念令人发指的亵渎。父母越是试图把自己的意志强加给孩子，就越不能赢得孩子的配合，就越会感到失望。父母对生活感到懊恼和痛苦，他们带着失望回家，再通过孩子把这种失望传给世界。

处理孩子问题的正确方法

父母很有必要建立一些原则来影响孩子。父母需要建议，因为按照他们自己的生活模式，并不能保证让孩子的身心得以健康发展。本章节不可能详细讨论家庭教育的方法，但在"共同生活"这章中提到的几个原则，提供了许多恰当的教育方法。一个根本原则是：理解和尊重孩子的尊严。在对待孩子时，父母必须尊重自己的尊严，同时也必须尊重孩子的尊严。父母忽视自己的尊严意味着放纵，父母忽视孩子的尊严意味着压制。这两种做法都会破坏父母与孩子的合作关系，都会在父母与孩子之间建立起暴君和奴隶的关系。

另一个原则是：既不斗争，也不屈服。为了达到家庭教育的目的，必须再遵守两个基本条件——"让孩子接受秩序"和"鼓励孩子"。不作斗争、维持秩序、不断给予鼓励，这三种原则本质上属于一个整体。只讲这三种原则中的任何一个原则，而不讲其他两个原则都行不通。如果我们和孩子作斗争，我们就永远无法让孩子接受秩序，而且一直会让孩子受到打击；如果父母不能坚持教导孩子要遵守秩序，就必然会引起斗争；如果一个孩子无法遵守秩序，他的父母会不得不打他。

对许多父母来说，让他们相信孩子可以在没有强制力的环境中成长，是不可能的。"闲了棍子，惯了孩子"是典型的对人性不信任的一种观点。这种观点看来,人性可以最大程度地被驯服。如果不强制管教孩子,孩子成不了大器。持有这种观点的父母需要明确的是,当他们靠打孩子来教育孩子时,自己也必然是失败者。孩子有太多对自己有利的优势了——相比父母知道如何对待他,他更知道如何对待父母。他把所有的时间都花在观察自己周围的环境上,他知道父亲和母亲的弱点。孩子富有想象力,能想出成百上千种斗争方式,而刻板的父母只坚持用自己那三种或四种斗争方法,而且这些方法大多数是无效的。孩子很清楚地知道怎么才能得到自己想要的,而父母尽管使出浑身解数来斗争,最后还是不得不屈服。

很明显,斗争是没有用的。用尽所有羞辱的方法,无论是叫喊、责骂,还是打屁股,如果真的有效果的话,也只是在当时有效而已。孩子在合适的场合,就会进行第一次反击。表面上看似父母每一次都取得了胜利,而实际上孩子至少取得了十次真正的胜利。孩子习惯性反抗是父母教育导致的自然结果。但是,如果父母与孩子之间能建立一段真正相互理解的友好关系,那父母与孩子斗争这个问题就很容易解决了。每个孩子都对善良非常敏感,也对坚定非常敏感。对善良和坚定没有反应的孩子,是因为他们被教导只有暴力才是重要的。

玛丽在院子里玩耍,妈妈喊道:"玛丽,过来。"妈妈又继续呼喊,但是玛丽表现出一副没有听见的样子。妈妈又叫了一次，玛丽还是没有回应。一个路过的朋友听见玛丽妈妈呼唤了好几次，于是走到玛丽旁边，问玛丽是不是没有听到妈妈的呼唤。"哦，我听到了！"玛丽平静地回答，又继续玩了起来。朋友有点愤慨："那你为什么不回家呢？"玛丽依然镇静地回答道："哦，还有一会儿呢，妈妈还没大喊大叫呢！"

不幸的是，许多父母，甚至是表现得非常好的父母都没有认识到秩序的重要性。他们真心爱孩子，不想让孩子经历任何的失望或痛苦。因为父母想让孩子快乐地生活，所以他们不给孩子制定任何秩序的规则。孩子想要的就是父母所要求的。父母希望孩子长大后能学会更好地理解问题，变得更加理智，他们可真是大错特错了！一旦孩子知道自己的欲望是无所不能的，他一定会把任何试图否认自己欲望的行为，无论这些行为是出自父母还是老师，都视为一种不公正，视为一种剥夺自己特权的行为，而且孩子会认为这种特权是自己的自然权利。并且孩子会将这些行为视为一种拒绝和羞辱。过度地保护和纵容永远不能教育出一个好孩子，永远不能让孩子学会合作，变成一个勇敢的人。父母的过度保护和纵容让孩子不能享受秩序，不能在帮助自己和帮助别人的过程中感受到自己的力量。放纵不但不能防止孩子经受不愉快的经历，反而会使孩子遭受更多、更剧烈的痛苦。放纵不但不能帮助孩子，反而会危害孩子，孩子也将无可避免地常与父母发生令人畏惧的斗争和分歧。

放纵往往基于一种错误的自由观念。父母有必要给予孩子自由，让孩子自我表达。但给予孩子没有秩序的自由是不可以的。另外，没有自由的长期秩序，也不存在。但在某些文化中，秩序的观念被夸大到一种程度，以至于孩子没有任何自我表达。让孩子严格遵守规则和立即服从规则是教育的主要目标。这种严苛的秩序与压制、羞辱对孩子造成的影响是相同的。通过这种严苛的秩序，孩子可以获得坚韧、力量和成功，但其人际关系会遭到破坏。另外，父母常常对自由产生的另一种误解也同样会伤害到孩子的人际关系。自由不是我们想做什么就做什么的权利。因为这种自由必然意味着，我们会对他人想做什么就做什么，但是我们也否认他人有这种想做什么就做什么的权利。如果每个人都按照自己喜欢的方式行事，漠视身边朋友的想法和感受，最终只会导致无秩序的混乱状态，任何人都无法享受自由。一个人拥有的特权和自由根本称不上是自由。这种特权和自由实际上是一种专横和独裁。以给予孩子自由为借口，父母让孩子成了不快乐的独裁者。孩子无法与其他人和睦相处，并且在其他人不服从自己的"统治"的时候，觉得自己受到了排斥。

许多孩子的成长过程中都伴随着一种非常特别的秩序观念。对这些孩子来说，秩序就是他们不想做的一切事情。他们必须学会认识到秩序对他们是有益的。教会他们这一点倒也并不难。当孩子拒绝遵守管理家庭生活的规则时，我们可以帮助他更好地理解秩序的意义。有很多方法可以加深孩子对秩序的真正意义的印象。例如，孩子可能会认为，如果每个家庭成员能在一天或两天的时间里，只做自己最喜欢做的事情，会是一件非常棒的事情。但是孩子很快就会发现，如果在任何一个特定时间里，父母都只做他们最喜欢做的事情，他会得不偿失。因为将没有人做饭、整理床铺、洗衣服。显然，这能够帮助孩子认识到，秩序不是为任何个人的利益服务，而是为所有人的利益服务。自由，是不以侵害他人的自由为前提的、独立行事的自由。

现在让我们讨论第三个也是最重要的一个原则：孩子需要不断地鼓励。孩子需要鼓励，就像植物需要水一样。我们现在的育儿方法反而是处处打击孩子。放纵和压制都会给孩子带来无数次的打击。父母放纵和压制孩子是因为父母很胆怯，而这种胆怯是没有必要的。在父母眼里，生活处处可能存在危险。他们用孩子来认同自己，对自己没有自信，很难相信孩子能自己照顾自己。父母没有认识到孩子的潜力，而是把孩子的体格和能力与自己的体格和能力进行比较，进而得出结论：孩子的能力肯定比自己差很多倍。而在现实中，孩子的身体和心智能力一般情况下都比父母认为的要强。这种对孩子潜能的怀疑一代传一代，这就是为什么成年人，永远无法发挥他们的潜能的原因之一。

任何教育过程都可以根据其中的鼓励程度来进行最佳评估。任何增长孩子勇气的东西都是有益的，任何打击孩子的东西都是有害的。没有一个孩子是真正的坏孩子。每个孩子都喜欢做好孩子，都希望成功，都喜欢被夸"你真棒"。只有在他放弃希望，对自己失去信心时，他才会调皮捣蛋。现在的父母还并不完全接受，也没有培养这种鼓励的技巧。几乎没有人会刻意去鼓励孩子，甚至经常不知道如何去鼓励孩子。一些人试着表现得温和一点，但孩子很讨厌这种行为。孩子会非常仔细地观察，但就是因为观察得太仔细了，发现了这种温和的行为并不真诚；不诚实的赞美永远起不到鼓励的作用。不恰当的嘉奖要么毫无意义，要么令人厌恶。如果孩子觉得自己不能辜负高度的赞赏，那么即使他对这份真诚的夸奖感到高兴，也会因此受到打击。

真诚和认识到孩子的个人需要，这两个因素对鼓励似乎是必不可少的。每个孩子都有值得称赞的能力和才能，每个孩子都有需要温情关怀的痛处。然而，如果父母对孩子没有信心，就无法令孩子自己相信自己能够做得更好。自信，既是对自己能力和力量的认识，也是一种勇气。凡是能帮助他人建立自信的人，都可以提高工作效率，帮助他所遇到的任何人适应社会，尤其是渴望得到这个世界的帮助的孩子。

人们会在友好的气氛中自然而然地去鼓励他人。但在敌对情绪笼罩的气氛中，在人类关系充斥着敌意、不服从和相互蔑视的气氛中，人们不可能去鼓励他人。当丈夫和妻子意见产生分歧时、当父母互相殴打时，孩子们也互相竞争，每个人都试图打败他当下的对手。父母扼杀孩子的天赋和多样才能的手段、打击孩子的努力的手段、阻碍孩子对自我的价值和创造力树立自信的手段,这样的手段有多少,有多么狡猾,微妙得让人不易察觉。

孩子犯的每一个错误和过失,都反映出他在家庭中所受到的打击。如果孩子没有在家庭中受到打击,他能找到更好的方法来解决自己的问题。一个在爱和理解的氛围中长大的孩子,会热切地、乐意地分享。他的周围都是友善的人和有真正兴趣的人,他快乐地成长,回应社会需求。但是,由于很多父母和老师本身都是在充满分歧和竞争的氛围中成长,所以他们并不能为孩子提供正确的引导,他们忘记了自己也曾经历过的不安,自己也曾有被孤立、不被爱的可怕感觉。这些父母和老师,更多的是根据自己所受过的教育来学习如何教育孩子,而不是根据儿童心理研究来学习如何教育孩子。他们非但没有发掘孩子的可能性,反而反对孩子的所作所为,阻碍孩子,几乎不激发孩子的潜能。没错,有时这些父母和老师的确让孩子顺从了,但是,这付出了什么代价呢?在他们的努力下,孩子的个性被毁掉了。他们不明白一个孩子为什么会觉得自己被忽视了,他们完全没有意识到孩子为什么会做出令人不安的行为。

理解孩子

理解孩子,我们需要全面了解影响孩子发展和成长的因素。孩子试图在家庭中找到自己的位置，或者找到获得认可的方法，而且这些方法在他所处的特殊环境中被证明是行之有效的，在这个寻找的过程中孩子形成了很多个性特征。如果没有父母的鼓励和指导，孩子可能会一次又一次找不到社会认可的行为处事的方法。最后孩子会行为不端，滋生事端。

导致孩子行为不端的主要有四个原因。我们必须了解这四个原因，才有希望改变孩子的行为。

最普遍的（第一个）原因是：孩子想得到关注。年龄较小的孩子普遍会有这种特殊需求。在当今的家庭环境中，孩子不太可能通过为家庭共同目标做贡献来获得认可，成为有用之人。因此，他们开始认为收到礼物、受到喜爱，或者至少是得到关注，是很重要的。比如，父亲买回来的玩具，不仅仅是一种娱乐的工具，更是一种父爱的象征。如果得不到关注，孩子会感觉自己被忽视了。而且如果孩子不能以一种愉快的方式获得关注，他会转而用令人讨厌的方式，故意惹父母责骂和惩罚自己。因为在他心里这至少也是一种关注，总比被忽视好。他甚至觉得受惩罚也是可以忍受的，因为最糟糕的情况是被忽视。对于这些努力想要获得关注的孩子，父母必须教育他们，他们可以成为有用之人，即要通过为社会做贡献，而不是一味索取，这样才能得到社会的认可。

第二个原因可能是父母总想证明自己的优越感和力量。遭受暴力的孩子会学会抵抗。父母对他们提出的要求越多，他们遵从的就越少。孩子非常善于挫败父母最精心的计划,在父母困惑不已、目瞪口呆的时候,轻松地取得胜利。

最终,这种敌意导致第三个原因出现,即惩罚和报复。孩子认为没有人喜欢他,因此不会费力取悦任何人。对自己受到羞辱的唯一补偿,就是像自己受到伤害那样去伤害别人。社会责任感无法阻止他做任何自己觉得高兴的事情。这种攻击性行为表达了孩子对社会彻底的失望。

第四个原因是孩子表现出极度消极的态度。这种极度消极的态度表现为孩子认为自己能力不足。孩子通过表现出这种极度消极的态度,试图避免暴露自己的个人缺陷。

为了理解孩子的不当行为,我们必须知道这些不当行为的背后,是出于这四种原因中的哪一个。许多人认为,如果他们找到了一个合适的词来描述某种行为,就代表他们理解了这种行为。但是词语不能解释具体的行为,只能对其进行简单描述。例如,"懒惰"这个词并不能解释一种具体的懒惰行为。在心理学上,每种懒惰的行为都是各不相同的。一个孩子为了得到关注而故意偷懒,因为这样做,妈妈就必须坐在旁边提醒他,辅导他写作业,否则他就不做完作业。但是,偷懒也意味着对优越感和权力的反抗。面对父母或老师的威胁和惩罚,孩子断然选择偷懒来拒绝威胁和惩罚。有时候,偷懒是受到父母粗暴对待的孩子的最狠复仇方法,用以报复他们虚荣且过于野心勃勃的父母。但在许多情况下,偷懒仅仅代表孩子放弃的气馁态度。如果一个人无论如何都没有希望取得成功，那么再如何去尝试又有什么意义呢？

父母必须学会理解这些导致孩子行为不当的诱因。他们必须知道孩子为什么会这样做，以及孩子表现出的不良行为或敌意针对的是谁、是什么事情。父母应该更多地了解孩子，但他们却很少这样做。父母应该主动去了解孩子，了解他的想法和愿望、了解他的人生观以及对他自己的看法、了解他付出的努力，以及他从他自己的经历中总结出的经验。

生活方式

孩子早在四至六岁时，在自己所有生活经历的影响下，就对自己和自己在家里的地位有了明确的观念。他根据自己对观察到的事物的理解，以及自己对社会生活的理解，并从父母和兄弟姐妹身上观察到的行为、成功和失败中受到激励，形成了一些解决社会生活问题的方法。每个人都会形成自己的方法，进而形成自己独特的个性。孩子也许会根据他所遇到的情况改变处理问题的方式，但他的基本思想是保持不变的。如果一个孩子得出结论：自己总是需要依赖别人，那么当他找到可以依赖的人时，他的行为自然会与他没有找到可以依赖的人时不同。在找到可以依赖的人的情况下，孩子可能非常听话，而且显然会适应得很好。但如果他没有找到可以依赖的人，需要自己独立时，他就可能会无法适应或退缩。这两种看似矛盾的行为，背后的原因是一致的。

孩子并不清楚自己的想法，只是对周围的环境做出了反应。如果父母没有向孩子解释清楚这些错误的观念，孩子就会把这些错误观念一直带到自己的成人时期。这时就只能通过心理治疗来纠正这些错误观念，帮助孩子朝着更好的方向改变。如果父母在认识孩子基本观念方面得到培训，就可以防止孩子形成错误观念，进而防止孩子因为这些错误观念而无法适应社会、经历失败和感到不愉快。

家庭结构

孩子的观念，很大程度上受到他在家庭中的地位的影响。在独生子女的生活中，父母是孩子人生最初的几年也是最重要的几年中最关键的人。孩子尝试处理自己和父母的关系，父母对此做出的反应可以规范孩子的行为。但父母常常不是以一种愉快的方式来规范孩子的行为，因为孩子对成功的定义通常与父母对成功的定义不一样。孩子可能认为父母对自己的付出是理所应当的。此外，父母的个性和行为也可以为孩子形成自己的观念，提供指导准则。然后，孩子根据这些指导准则，再从自己的角度判断，最后采用他认为有效的方法和行为。

但是很遗憾，孩子的观点不会总是与父母一致。例如，孩子发现当他感到害怕的时候会得到特别的照顾，而当这个孩子有了兄弟姐妹时，兄弟姐妹对他的发展的影响通常比父母的影响更重要。此时父母会承担起调解人的角色，协调和管理每个孩子在家庭中的地位。父母在孩子之间的竞争中常常扮演幕后推手的角色，以突出每个孩子的特质和能力。父母不仅对自己操控了这场竞争而不自知，还对竞争结果感到困惑不已。兄弟姐妹之间的竞争是影响每个孩子成长过程的最大因素之一。其影响结果显而易见，即使孩子们彼此关照，表面上没有打架吵架，但如果你了解他们，你会很容易看到他们彼此竞争的迹象。

兄弟姐妹之间的竞争，以老大和老二之间的独特关系为起点。孩子无法理解年龄的重要性是维持竞争关系的基本要素。对于一个孩子来说，他的兄弟姐妹只不过比他更强或更弱，能力更高或更低，但与年龄无关。父母在安慰小的孩子时就会提到年龄，他们会说"等你再长大点，你也能做到的"。这种安慰对孩子来说毫无意义。再过两年，小的孩子的确能做到他哥哥现在能做到的事。但是，到了那个时候，哥哥仍然比他大两岁。这两年的时间让一切都产生了差异。这不是指年龄的差异，而是指在体形、力量、技能和能力方面的差异。年龄差异是孩子们相互竞争的一个原因。而年龄相差多少和竞争没有关系。我们发现，实际上，即使老大和老二出生时间间隔非常短，也决定了年龄稍大的孩子会拥有特权。在我知道的一些案例中，两个孩子出生时间仅仅相差七分钟或者十三分钟，一切都变得不一样了，年龄稍大的孩子明显拥有特权。

因为老大和老二之间几乎普遍存在竞争，因此这些孩子就是这种竞争关系存在的最好证明。在老二出生之前，老大是家里唯一的孩子，所以他会认为是老二抢走了他在家里的特权。老大发现自己不仅被迫与弟弟或妹妹分享父母的时间和关注，还要分享父母的爱，尤其是母亲的爱。对于独生子女来说，兄弟姐妹的出生总会让他受到打击，因为他觉得自己被"夺权"了。即使他为"被夺权"做好了准备，他也很难预见到实际情况，毕竟他从未经历过。最好的情况是，他对自己作为一个大孩子的优越感有足够的自信，并且愿意接受一个新玩伴的到来，认为弟弟或妹妹的到来让自己不再孤独，尽管这种孤独本来可能是很好的。

然而，通常情况下，第一个出生的孩子看着新生儿逐渐长大，会越来越感到忧虑。他觉察到，起初自己能力和作用上的优势还是很明显的，但随着一年又一年时间的推移，这种优势逐渐减弱。他害怕弟弟妹妹与他能力相当的那一刻，因为到那时，弟弟妹妹会立刻或者在下一刻就超过自己。这种令人害怕的情况通常比他预期的来得更快。而父母并没有充分意识到这一冲突，还愚蠢地用年幼的孩子与年长的孩子做比较，从而加剧了孩子之间的这种自然存在的竞争，带来灾难性的后果。当大一点的孩子做出不当行为，来吸引父母那份以前专属于他的关注时，父母会对此感到很气愤。他们面对可爱的小宝宝时表现出的喜悦与面对大一点的那个孩子时表现出的厌恶和恼怒形成了鲜明的对比，这也恰恰向大一点的那个孩子证明了,他对自己家庭地位的担心是多么合情合理。

由于年幼的孩子本能地想要弥补自己的不足,这让年长的孩子面临的困境更加复杂了。年幼孩子的成长道路的前方总是有另一个孩子,这个孩子会走路,会说话,能照顾自己,能上学,能读书写字,但自己却什么也不会。所以年幼的孩子会竭尽全力提高自己在家庭中的地位,这不是件自然而然的事情吗?一旦年幼的孩子发现年长的孩子的任何缺点,他就会马上抓住这个机会。比如,母亲不经意间提到年长的孩子要向年幼的孩子学习做清洁,这就意味着现在年幼的孩子有了赶超年长孩子的机会。而年长的孩子也充分意识到了这种危机。他不但没有像母亲所希望的那样不断进步,反而想要放弃。他的弟弟,个子小得多,年幼得多,有些事却能比他做得更好,那自己再努力有什么用?

一个典型的例子:一个孩子会因为另一个孩子取得成功而受挫。他下意识地认为自己不擅长这个领域,就把这个领域让给更成功的竞争者。一旦这种想法生根发芽,就会持续恶性循环。一个孩子在这个领域放弃得越多,另一个孩子就越想在这个领域建立自己的优越感,而他越是成功,另一个孩子怀有的希望就越少。这种情况对一个孩子来说是好事,而对另一个孩子来说却是坏事。而父母并没有在这种恶性循环容易被打破的时候打破它,反而站在了更成功的孩子这边,从而加剧了这种恶性循环。这两个孩子把他们之间的世界分割成了两部分。在这个世界里，一个可以依靠自己的智力，而另一个可以发挥自己的魅力。如果一个孩子对学习感兴趣，另一个孩子就希望在体育方面超越他。如果一个孩子擅长语言，那么另一个孩子可能会对数学更感兴趣。如果一个孩子可靠、可信赖，那么另一个孩子就可能变得软弱、依赖他人。如果一个孩子表现得特别好，我们总会去关注他的竞争对手——为此付出代价的另一个孩子。不管是第一个孩子还是第二个孩子都能取得成功，而这取决于父母提供的环境和父母的态度。一般来说，一个孩子越被溺爱或压制，另一个孩子取得优势的机会就越大。在大多数情况下，机会不会只眷顾一边，所以两个孩子在各个方面没有绝对的失败与成功。在幸运的情况下，两个孩子之间的竞争，可能不会导致其中一个孩子失败，而是让两个孩子在差异较大的领域取得成功。

接下来的案例非常清楚地展现了孩子之间的竞争机制和表现形式。

九岁的比利是一个非常可爱懂事的小男孩。四年前，比利失去了父亲，他尽自己所能安慰母亲和帮助母亲。在比利很小的时候，就开始不仅帮母亲做家务，还帮忙照顾六岁的妹妹玛丽莲。即使比利年纪还小，母亲也可以和他讨论任何问题。实际上，他在家里承担起了"男人"的责任。但比利在学校的表现却不太好。他几乎没有朋友，对学习也不太上心。因为比利在学校里不可能像在家里一样，拥有特殊地位,这一点并不令人意外。

我们能很容易想象到,妹妹玛丽莲的性格是什么样的。玛丽莲非常顽皮,母亲都不知道该如何管教她了,于是向我们寻求帮助。玛丽莲是一个懒散、不可靠、吵闹、烦扰、令人恼火的女孩。母亲不明白这两兄妹怎么相差如此大!她难以理解懂事的比利和顽劣的玛丽莲哪里像是兄妹。

我们对两个孩子一起进行了访谈。首先,我们问玛丽莲,在她心里是否认为妈妈喜欢她。不出所料,她摇了摇头。然后,我们向玛丽莲解释说,我们可以肯定母亲非常爱她。但正是因为玛丽莲不相信这一点,所以才会做出这些顽劣行为,惹得母亲经常生她的气。因此,只有当玛丽莲行为不当时,母亲才会关注她。这是一种消极的关注获取机制。而且这种获取关注的方式让玛丽莲觉得母亲更不喜欢自己了。其实如果玛丽莲能试着表现得乖一点,她就会发现妈妈其实也是爱她的。

这次访谈比利也在场,我们问他是否希望玛丽莲成为一个懂事听话的孩子,比利脱口而出"不希望"。然后我们问他为什么不希望玛丽莲成为一个懂事听话的孩子,比利觉得很尴尬,支支吾吾地不知道该怎么回答,最后说:"无论如何,玛丽莲都不会变成一个听话的孩子。"我们向比利解释,也许我们可以一起帮助妹妹,帮助她成为一个听话的好女孩,"你愿意吗?"比利犹犹豫豫地说:"嗯,我愿意。"我看着比利,坦白地告诉他,其实我不相信他是真的愿意帮助妹妹。他第一次回答的"不希望"更真诚，准确地表达了他内心的想法。那么，为什么比利不希望玛丽莲变成一个懂事听话的好孩子呢？也许比利可以回答这个问题。比利思考了一会儿，然后说："因为我想成为家里更优秀的那个孩子。"

一旦老大和老二之间出现竞争，老三就可能会被老大或老二拉为盟友。只有在极少数情况下，例如，在老大和老二是女孩、老三是男孩的情况下，老三会与前两个孩子一起竞争，迫使前两个孩子结盟。而老四可以根据情况选择站在任何一个孩子那一边。无论孩子们是以哪种方式划分阵营，我们都可以很容易地从每个孩子的性格发展看出来。在性格、兴趣或情绪上差异最大的两兄弟姐妹，他们在幼年时就已经互为竞争对手了。这揭示了家庭中确实存在竞争，而认识到这一点对于我们了解孩子是非常必要的。

每个孩子都是阿德勒所说的"家庭星座"中的一颗星星，彼此之间相互影响。[1]这种家庭成员之间的相互影响比任何其他因素，如遗传因素，对孩子个性和性格发展都更为重要。下面是一个案例。

一个家庭里有父亲、母亲和六个孩子。这个家庭里的竞争来源于"优越感"。强势的父亲对政治和文学感兴趣，而母亲则是一个典型的家庭主妇。母亲通过在家里支配孩子，

---

[1] Alfred Adler, Understanding Human Nature, Greenberg Publishers, New York, 1927.

来弥补她在社会能力和智力上的不足。父亲利用大女儿莎莉与母亲竞争。母亲则把二女儿比阿特丽斯拉为自己的盟友。莎莉是个好学生,但不喜欢做家务,一直与母亲对着干。而比阿特丽斯很擅长做家务,但她的学习很一般,很注重自己的女性形象。

几年后,一对双胞胎女儿出生了。由于她们的样貌非常相似,她们必须穿不同颜色的长袜,系不同颜色的丝带,以便于辨认。同卵双胞胎通常会有一种奇特的心理联系,他们对彼此高度认同,常常认为对方就是自己的另一半,常常会有相同的生活方式,命运也惊人地相似。

然而,在我们遇到的这个案例中,却有一些不一样的情况。大女儿莎莉和二女儿比阿特丽斯之间的激烈竞争导致这对双胞胎站在了对立面。双胞胎中的姐姐露丝,只比妹妹戴安娜早出生十三分钟。大女儿莎莉就说露丝是她的同伴,而二女儿比阿特丽斯则拉拢戴安娜。结果,露丝就像莎莉一样,成了一个好学生,但不会做家务。而戴安娜就像比阿特丽斯一样,成了一个普普通通的学生,却擅长做家务,而且很注重自己的外表。第四个和第五个孩子分别是男孩和女孩。其中男孩汤姆不仅像莎莉和比阿特丽斯那样拉拢比自己小的妹妹,而且作为男孩,他想要得到特权。

整个家庭在性格、兴趣和行为方式上分成两派:父亲、莎莉、露丝和汤姆为一派;母亲、比阿特丽斯、戴安娜和最小的妹妹为一派。汤姆在姐姐和父亲的支持下,甚至挑衅比他大得多的二姐比阿特丽斯，还想欺负她。双胞胎姐姐露丝并不把妹妹戴安娜当作自己的好朋友，并拒绝带她一起和自己的朋友玩，原因是戴安娜太小了（其实也就比露丝小十三分钟而已）。家庭成员间的矛盾、不和以及相互的折磨，使他们本来能够幸福快乐的生活变得一团糟。

帮助孩子适应社会生活

避免家庭内部，尤其是子女之间产生竞争，是父母最艰巨的任务，也是非常紧迫的任务之一。这种子女间的竞争让孩子们不能相互欣赏。反之，如果孩子们相互欣赏，能减少他们之间的竞争。一个家庭需要的是大家团结一致，有共同的兴趣，来提升彼此的归属感。这是消除由竞争带来的隔阂的最好解药。家庭成员可以一起去远足和旅游，或者寻找共同兴趣，还可以一起讨论和发表自己的意见。在这些活动中，每个家庭成员都是公平公正的。尤其是当父母参与到这些活动中的时候，可以极其有效地消除由竞争带来的隔阂。但如果父母不精心安排，就很难开展真正有效的家庭活动。因为这些活动可能又会变成一种竞争，一个孩子利用自己的优势支配其他孩子，而其他孩子又会习惯性地服从。虽然竞争中也存在着某种平衡，但这种平衡不一定是好的。如果这种平衡是不好的，它肯定会在心理上造成伤害。如果要在家庭内部实现民主，进而在更广泛的社会群体中实现民主，那么每个孩子都应该接受训练，使其既能够担任领导的角色，也能够符合要求。

大家都在讨论，是否应该让孩子远离外面世界的"丑恶"。我们一直都会听到这样一句口号："让我们一起保护我们的孩子！"这种呼吁虽是出于好意，但是也会带来危害。我们太过于保护我们的孩子了。这种过度的保护，并没有让他们为以后的生活做好准备。孩子们需要的不是保护，而是鼓励。我们要让他们直视生活的点点滴滴，无论如何不可欺瞒他们。父母可以帮助孩子培养正确的生活态度，帮助他们成为勇敢、富有同情心、善解人意和乐于助人的人。与其禁止孩子听收音机里讲述的恐怖故事，不如帮助他们正确地评价这些故事，批判哪些内容是无意义和耸人听闻的。他们可以教孩子用一个更好的方法来为自己获得优势，证明自己的价值。

在这种帮助下，孩子就会成为他所在社会群体中的一股启蒙力量。他将在群体中传播从父母那里学到的道德价值观。我们不能阻止我们的孩子了解战争的恐怖，但我们可以和他们讨论民主和自由的思想。我们可以让他们明白，斗争不是一种取得优势的有效途径，而是一种必要的自卫手段。孩子能够找到恰当的方法来化解矛盾，并且应该足够坚强和自信来抵抗攻击。

孩子之间发生矛盾，父母的干预大多是有害的。如果孩子们在家庭内部发生矛盾，父母的干涉会加剧孩子之间的竞争，而且只会引发更多的矛盾，这倒是给了孩子们很好的机会来吸引父母的注意。如果孩子们在家庭之外发生矛盾，父母对此进行干涉对缓解紧张关系也没有多大帮助，反而会削弱孩子的自理能力。当然在紧急情况下，父母必须先保证孩子的安全，再谈教育。然而，这种紧急情况远远没有那些胆小的父母想得那么多。如果兄弟姐妹之间打打闹闹，父母不要夸张地以为他们会杀了对方。我会把两个正在激烈打斗的孩子关进同一个房间，并告诉他们尽管闹，我倒要看看谁能赢。通常这个方法很有用。过了一会儿，两个孩子要么会各自坐在角落里互不理睬，要么会一起愉快地玩耍。

是的，养育孩子是个难题。所以我们必须对父母表示理解和体谅。一个家庭里，如果孩子是独生子女，那么他会生活在周围只有大人的艰难境地里；如果有两个孩子，他们会激烈地竞争，会打架和争吵；如果有三个孩子，老二会将自己的特权和老大、老三的特权进行比较，就很容易觉得自己被忽视了；如果有四个孩子，我们经常会发现老大和老二是相互对立的。通常情况下，有四个孩子的家庭，竞争的情况会大大改善。但谁能等到他有四个孩子的时候呢？

因此，我们必须理解和体谅可怜的父母，或者至少理解和体谅可怜的母亲。因为父亲往往不会参与养育孩子这项工作，这项工作可比他们的日常工作更加劳心烦人。然而，父母可能才是问题的真正所在，而不是孩子。我们必须帮助父母，让他们能够享受人类才可以体验到的最深切的快乐——

生儿育女。所有享受生儿育女这份快乐的人都愿意为此付出相应的代价。孩子生病时,父母会在床边彻夜难眠;孩子遇到危险时,父母会感到害怕和惊慌失措;孩子遭遇失败时,父母会感到失望和担忧。看着孩子渐渐长大是一种无与伦比的快乐。这个过程逆转了时间,因为我们身上流逝的岁月似乎在孩子身上重现了。我们的退出能得到更多的补偿,因为我们的孩子会在我们退出的地方继续走下去,不是为了我们的个人声望,而是为了继续我们的理想、我们的信念,以及所有我们认为值得做的事情。通过生儿育女,我们构建未来,而只有未来才能估量我们今天所做的一切。

第9章

解开两性之谜

个人的力量

很少有人意识到,他们现今为解决个人问题所做的努力,正催生着人类的进化。正是因为如此,性生活与婚姻问题中许多令人困惑的难题最终才能得以解决。我们努力工作、自给自足、寻找爱情、步入婚姻、享受友谊带给我们的乐趣,以及参加各种各样的娱乐活动,在做这些事情的过程中,我们可能并不怎么考虑这些事情对未来有什么影响,但事实上,我们所做的一切都在引领我们走向未来,这些事情塑造了我们的未来。我们每个人都在塑造着明天的世界,每个人对世界的进化都至关重要,无论你是否认识到这一点。我们大多数人都不知道,其实每个人都有着强大的力量和影响力。非常奇怪的是，许多人认为只有政治家才能改变我们的社会结构，但事实上，不管我们愿不愿意，我们通过自身的行为，就会使社会结构发生改变。我们的每一个想法与行动、每一个信仰与质疑、每一种期盼与漠然，交会在一起，最终一定会对整个社会舆论产生影响。在这种错综复杂的关系中，虽然我们的观念与行为不再具有个人特质，但它们会对我们的未来添姿加彩。

我们对爱情和婚姻的想法和感受，也会为人类的进化带来影响。人们的意见普遍存在着各种矛盾，这代表着变化发生的过程。无论我们是想要重塑关系、改变现状，还是对现状感到满足，都会影响事件的走向。我们如何以及何时坠入爱河、我们的性体验如何、是否结婚、如何与伴侣共同生活，以及我们对婚姻的看法，不仅会影响我们自己的生活，也会对同时代的人产生重要影响。我们在强化某些社会趋势而否定其他趋势的同时，坚信着我们只是在关注自己的事情。我们需要更多地意识到自己对社会的作用，我们正通过自己的努力让人类齐心协力迈向更好的生活。我们必须学习如何去评估我们的个人信念和偏好所具有的社会意义。我们要对自己的角色有所认识，这有助于我们更慎重地思考问题，也能帮助我们理解同伴不同的观点。审慎的思考与对他人的理解有助于我们以民主的方式将现有的思想融入人类进化的浪潮中。

但是，不如先来看看我们眼下需要解决的问题。我们想知道什么是对的,什么是错的,也就是应该做什么,不应该做什么。就算只考虑这一点,我们也有必要对发展的趋势有一些了解。否则,在混乱的变化中,在相矛盾的价值观和道德中,我们仍然会很无助。接下来,我们将讨论几个最令人不安的问题,并看看总的发展方向是什么。

性的困惑

首先是关于性行为的问题,它引发了很多关注和讨论。在爱情和婚姻中,只有性行为会引发如此众多的争论和意见分歧。有些人公开支持男女间的"性自由",有些人谴责这种所谓的新潮思想不道德,还有些人没有明确的立场,因为他们言行并不统一,嘴上说着仁义道德,心里想的却是另外一回事儿。许多人享受着婚外性自由,但嘴上仍会宣称"婚外情"是有罪的。另一些人则用相反的观点自欺欺人。我听一个女孩说,她崇尚性自由,但从没有付诸过实践。这太让人困惑了!究竟什么是对的,什么是错的?

为什么大家都对性爱如此着迷?每当遇到一些觉得无法解决的问题时,我们在很长一段时间都会倍感困扰,而且情况似乎总是如此。性是生理问题、个人问题,也是社会问题,无论在白天还是晚上(是的,在我们的睡梦中也是如此),我们都为性爱之谜所困扰。为了解决这个问题,我们做了无数次失败的尝试,而每一次失败都会使问题更严重,直到其严重到足以影响我们其他重要的人际关系。因此,对许多人来说,性成了生命的象征和生命的唯一意义。对那些在爱情中受挫的人和那些发现自己无法与异性亲密共处的人来说,性本身已经变成了一种狂热的追求。他们的人生观都变得扭曲了。

事实上,性行为只是代表着男女关系到达了某个阶段。有些人总是去关注性的功能,忽视了两性关系中的另一半的感受,他们把异性视为征服的对象或性的牺牲品,几乎不把他们看作人。即使他们真的把对方当作未来的丈夫或妻子,我们也常常会发现,在性吸引的背后,也会出现潜在的敌人。性问题之所以变得令人困惑,是因为人们太过强调配偶的性能力,而其他方面的能力和兴趣要么被完全忽视,要么只是次要的、不受重视的。

现在的社会环境并不允许人们表现出自己的仁慈。这一点很重要,因为个人或夫妻面临的所有婚姻和性问题都取决于其所处的环境。所以,没有什么办法是人们能普遍接受的。例如,宗教、民族和文化观念决定了什么是性尊严。[1]在某些社会环境里,婚姻范围之外的性关系不合法且违背道德。在一个认为未婚母亲是一种耻辱,并排斥她和她的"私生子"的社会里,保护非婚生子女利益的条款很难得到

---

[1] "所有行为标准都是相对的,这取决于文化模式。文化是地方性的,是人创造的,并且会发生很大的改变。"(Ruth Benedict, Patterns of Culture; Houghton Mifflin Company, Boston, 1934.)

执行。

另外，我们发现有的群体持有不同观点，这些人通常被称为"自由派"或"现代派"。他们必须对法律和人们普遍接受的道德观念做出一些让步。但是，他们非但不蔑视自由恋爱，反而以性解放为荣。有的人并不反对未婚情侣拥有婚外性行为，有的人认为只有男性才有资格体验婚外性行为，还有的人则谴责一切婚外性行为。虽然决定这一切的是女性在该社会中所拥有的地位，但我们自己也参与其中，在帮助建立和维系着这种标准。

如果一位女性提问，问她是否应该与未婚夫发生性关系，我们必须考虑到这位女性所处的社会环境和他们双方对性解放的态度。我们不可能直接回答"是"或"不是"，因为任何一个答案都可能会对她未来的成长与发展带来危害。我们必须考虑这名男性是在怎样的社会环境里长大的，也要考虑他个人的成长经历。许多男性不会娶一个他们认为失去了贞洁的女性，尽管他可能会想尽办法夺去她的贞洁。向这样一位男性屈服，就意味着失身于他。然而，有些男性对婚姻很犹豫，除非他们觉得只有通过性才有可能与女性建立如此亲密的关系。如果女性拒绝发生性关系，他们可能会质疑她是否真的喜欢自己。

所有反对这种说法的人，都必须认识到当代年轻人面临的问题。当代年轻人的成长环境与他们父辈的成长环境有很大的区别，如果我们想要帮助他们，想要给予他们一些指导和帮助，我们就必须认识到当代女性的社会地位已经大不一样，也要认识到社会在过去几十年里已经发展出了不同的价值观和道德观。我们的年轻人不是"不道德的"，他们只是与前几代人拥有着不同的道德观念。家长们当然清楚这一点，但这些东西太过新奇、令人不安，所以他们选择视而不见。有位母亲意识到，她的儿子不会早早结婚，而且很可能在成年后还保持着"童子之身"。她总是忍不住去想他未来到底会找一个什么样的女人为伴。他应该找一个什么样的女孩来丰富他的性经历呢？是"放荡"一点的，还是"乖巧"一点的？女孩们的母亲通常与男孩们的母亲有不同的想法。许多女孩也不知道自己应该怎么看待这件事。她们希望自己的丈夫有过性经历，但又好奇这个人到底是谁，一想到这儿，她们的心里就七上八下的。她们不希望自己未来的丈夫与道德低劣的女人交往过，因为她们自己是"好"姑娘，一直在努力地保持着自己的贞洁。而且，她们讨厌男性能拥有体验性生活的特权。于是她们陷入了一场思想斗争，内心充满了矛盾和纠结。她们有着敏锐的观察力，然而，她们所观察到的事物却又与宗教和传统相悖。她们通过理性分析得出的结论与自身的感受相矛盾，甚至连这些理性上的认知也并不可靠。

这种混乱的局面展现了我们这一代年轻人在精神上的懒惰，他们既想遵守旧的传统，同时又想要满足社会提出的新要求。这就导致现在的人拥有很多错误观念，而恰恰正是这些错误观念支配着许多人的爱情生活。我们信奉一夫一妻制，同时又反对一夫一妻制，因为我们渴望婚姻制度能有所改变、能多种多样，我们高度重视贞洁，却不尊重那些除了"得体"之外没有其他美德的女性。女性大肆寻求性满足，却想要保留她们身体上的贞洁，她们都在寻求解决办法，却没有自己的立场。她们既想接受，又想拒绝，最后发现除了自己骗不了其他任何人。

她们也不知道自己真实的想法是什么，因此内心充满了矛盾。我们必须全面地思考问题，并且鼓足勇气，放下过去，有意识地朝着人类发展的方向迈进。这些思考是明确自身立场、理清自身困惑和摆脱内心矛盾的前提。我们不能指望仅仅通过道德、伦理，甚至医学上的指导来解决我们的困难。在这种关键时刻，我们需要对社会问题，以及我们的行为给社会发展带来的影响有清晰的认识。

改变的方向

自柏拉图的《理想国》和托马斯·莫尔的《乌托邦》问世以来，许多小说都带有远见卓识，描绘出了一个有着完全不同的价值观和道德观的世界。从科学的角度来说，这些社会与我们当今社会差别巨大，因此它们不可能描绘出现代社会背景下的生活细节。然而，历史发展进化的总趋势总会为当前的发展指明方向。

每一场战争都会加速变化进程。人们需要自我保护，这种需求迅速清除了进步浪潮永恒的敌人——传统与常规。潜在的社会力量突然得到释放，而长期搁置的社会问题亟待解决。第一次世界大战波及的人口远远少于第二次世界大战，但它却深刻推动了社会与经济的变革，对欧洲国家尤为如此。它影响了女性的社会位置，让她们拥有了前所未有的地位。最近的战争也一定会大大促进这种社会进步。女性不仅在工业、商业、艺术和科学领域取代了男性的位置，甚至在军队中也是这般。最后一项具有重大意义，因为几千年来，参军一直是由占统治地位的男性享有的特权。女性从此可以光荣地穿着正规的军装，甚至可以授予军衔，成为军官。女性参军将影响整个国家的男女地位。这一变化与其他变化带来了同样的影响，它们指向同一个进化目标——男女性权利与社会地位的平等。

不管我们愿不愿意，我们都必须正视那些必然影响一个国家战后状况的种种变化。在大多数情况下，男性在服役期间拥有的性经历与他们服役前的成长经历形成了鲜明的对比。在他们所了解的社会中，任何形式的性满足服务都不为社会所接受，卖淫被看作对女性的羞辱，社会不接受，法律也禁止这种行为。那些驻扎在欧洲国家的士兵享有相当大的"性自由"，这种做法可能会让很多人难以回归于严格的清教徒式的生活，这种生活习惯在战前的美国很盛行。

许多女孩离开了家，不再受到家人的保护，也不再被束缚于社会严格的规矩之中。男性不断对她们提出要求，浪漫的大自然、月光或热带的风景将她们吸引，孤独和思乡之情将她们笼罩，她们也生活在死亡的阴影之下，而死亡衬托出了生命的廉价，于是她们将快乐看得无比重要。这些女性拥有了新身份，不再如过去那般对性扭扭捏捏，或认为这件事很尴尬，生活和工作环境使她们中很多人的行为举止和思维方式改变了。

在所有这些变化影响服役的男性与女性时，美国军队之外的群众也同样受到了影响。对许多女孩和女人来说，男性是稀缺资源，她们还面临着被剥夺性生活的风险，比起这些，贞洁和忠诚没有那么重要，更不用说那些为获得快乐、尊敬与赞赏而寻找借口的女孩了，她们声称自己在承担"爱国的责任"，然后就去满足那些休假回家的男孩的欲望。从总体趋势上看，在美国，人们的"性观念"变得更加开放，比起分隔两地所带来的痛苦，这种道德上的自由让战地妻子和战地新娘的处境更加岌岌可危。孤独、寂寞、没有感情和性欲的发泄口，这些已经够让人难受的了。更糟糕的是，对方还可能以这样或那样的方式找到自己的乐趣，让自己获得满足。此外，女性还在社会中获得了一种全新的自由，这令人着迷，但她们却得默默忍受这一切。她们在战时成为工人，在工业和技术领域与男性并肩前进，而这些领域以前只有男性的身影。她们像男人一样工作，像男人一样穿着，以此反抗某些男性徒劳的抗议，出于恐惧，这些男性想让女性穿裙子，并待在她们应该待的位置上（裤子一直被认为是男性高人一等的象征）。女性从来没有赚到过如此多的钱，她们开始完全独立于任何男性。难怪她们在性方面也像男性一样，主动选择和提出要求，不再等待和被动地依赖她们的魅力。

婚姻关系的改变

我们这代人在性关系与婚姻关系方面都面临着激烈的冲突，如果我们想要脱离这种混乱的状态，那就非常有必要认识到社会所发生的转变。如果我们对潜在的社会问题和道德观念没有清晰的认识，夫妻之间或恋人之间的个人问题就不可能得到解决。那么，不管是男性还是女性，都开始不愿意接受对方本来的样子。他们越灰心丧气，能忍受的就越少；他们要求和期望越多，能得到的就越少。因此，离婚率可能会显著上升。这种现象可以归结于各种各样的原因。丈夫和妻子互相责备，他们会抱怨彼此无法和睦相处或经济状况不好。

把婚姻的破裂归咎于彼此不熟悉，跟把它归咎于夫妻长期在一起、太熟悉而产生厌倦一样，都是错误的。战争时期的婚姻与已经维系很久的婚姻一样会破裂。夫妻双方都没有意识到，他们的矛盾既不在于他们各自个人品质的好坏，也不在于生活条件的好坏，而在于当双方关系旧的基础崩塌时，他们无法在彼此之间找到新的平衡。每当他们遭遇经济或社会问题时，他们内心的矛盾都会暴露出来。他们对丈夫或妻子应该承担的义务有不同的看法，他们对彼此的期望和要求往往是对方不愿意也不能做到的。反过来，离婚率的上升又使男性和女性更加敏感，他们变得更渴望保障自身权益。

不道德与新道德

将这些变化看作"不道德观念"的扩散并不公正。的确，战争会降低人们的道德感。在上次战争之后，情况确实如此。人们也许认为目前的情况只是对上次那种不道德行为的重演，它是暂时的。但这一次不仅仅是这样，我们不太可能回归"常态"，因为这些变化所反映的不仅仅是道德问题，它们标志着道德观本身已经变化，反映了女性在社会中新的地位以及男女之间新的关系，人们开始用全新的眼光看待性对人体生理以及对社会的影响，至少在大城市里是如此。在第一次世界大战期间以及大战之后，年轻女性的性犯罪率不断上升，毫无疑问，历史再次重演了。但有一点在根本上不同：几十年前被捕的女孩们完全意识到了自己的行为是不当的。但今天，当女孩们因类似的罪行而被捕时，她们却目中无人，拒绝任何人干涉她们的个人事务。她们坚持认为，自己有支配自己身体的自由。在今天，性犯罪仍然存在，和几十年前一样，它仍是反社会的、不道德的。但是，要划清道德和不道德的界限就更困难了，因为人类的道德观念正在改变。今天的性模式不应该也不能对标几十年前的性模式，因为它在此期间发生了巨大的变化。[①]从道德层面看，有些性行为模式受到了当今社会的谴责，但是许多其他性行为模式被一个群体认为是"正常的"，而被另一个群体认为是"不道德的"。

人们想用某个单一的条件作为评价性行为正确与否的标准是极其困难的。在我们的社会文明与传统中，谈到性与道德时，人们往往有着双重标准。几乎每个人都觉得自己的某些性行为会让他的亲戚、朋友和同事无法接受，同时，他也可能会谴责他们中任何一个人的性行为。在过去，人们对待这种众所周知却又隐秘的性模式使用双重标准，一直以来，只有维持着这种双重标准，才能维系人们对男性和女性使用的双重标准。维护男性的特权是必要的。对于不能公开谈论的事情，人们只能在私下里讨论。在许多方面，公众眼中的体面就是将人类的其中一半，也就是女性，置于严格的道德规范之下（见第52页）。

自从妇女获得平等，这种双重标准变得毫无意义。因

[①] 有些文化本位从我们眼皮底下走向衰落，而新的文化本位从地平线上的阴影中冉冉升起，这些都是我们的文明所要面对的。我们必须做好心理准备，我们的日常生活在不断变化，甚至我们成长过程中所接触的道德观念也在不断变化。（Ruth Benedict, Patterns of Culture. Cf. p. 242.）

此，我们如今可以公开谈论许多事，它们不会破坏我们的社会秩序。在印第安纳大学国家研究委员会医学部和洛克菲勒基金会医学部的支持下，阿尔弗雷德·金赛博士开展了一项研究，以调查美国各行各业人士的性行为，研究中涉及了数以千计的男女，他们阶层不同、职业不同，年龄也不同，他们的性行为体现着当前时代的特点。这项研究可能是人类史上首次揭示出人们究竟是如何进行性行为的。所有坚守旧传统的人，可能会对该研究披露的事实感到震惊。但是，这一发现只代表着我们离承认大众的道德观念发生了变化这件事更进一步，这些变化体现在他们的行为中，而不是他们的言语中。

婚姻问题是世界难题

婚姻问题只是人们在战后时期面对的问题之一。整个社会面临着政治、经济、劳工、宗教和种族等方面的冲突与问题。如果我们想继续繁衍生息，就必须找到解决这些冲突和问题的方法。到目前为止，我们还无法解决这些问题。其实，战前与战后的社会问题，甚至与战时的社会问题并无分别，它们都是相互关联的。战争本身就是由一些简单的冲突所引发的，这些冲突扰乱了人与人之间和社会群体之间的和谐与安定。我们正在为社会的平等而斗争，这个过程实在是艰辛！而夫妻之间的冲突只是这场斗争的一个阶段而已。

社会正逐渐实现平等

事实上,平等是当下最重要的问题。平等的建立可能对婚姻制度、性别架构和爱情框架产生深远的影响,它并不只关乎男女关系。对为之奋斗的人们来说,平等是他们的战利品。世界是两股力量博弈的战场:强者想维持自己的强大,而弱者想变得强大。强者坚信,世界上总会存在统治者和仆人两种身份,从未有过平等一说,并且文化和秩序只能靠武力和强权来维持。但弱者并不赞同这一说法,他们为了全人类的平等权利而战,为建立并获得人格尊严、人与人之间的尊重与互助而战,他们相信人人平等,这种平等不以个人意志、国界和种族为转移。

这种民族、种族和信仰之间的差异将永远存在,但当人们觉得这些差异是对人类文化的巨大贡献时,或是把它们视作交织于人类文化和历史中的宝贵线索时,它们就不会为社会或道德所歧视。那些不相信人性,想要征服人性、主宰人性的人,就是在反对进步并且企图让社会倒退。他们认为男性天生就至高无上,如果他们获得权力,就会剥夺女性已经获得的一切权利。他们认为应该体罚孩子,却没有意识到,甚至没有感觉到这给孩子带来的深深的耻辱感。他们看不起其他民族和种族、蔑视大众,认为只有自己是聪明的。他们嘲笑人们对平等的追求是痴人说梦,是不可能实现的。这些人代表着强权者,因此他们心中的"现实主义"无比根深蒂固。

人类的统一与平等

然而,人类历史驳斥了他们的假想。诚然,人类从未经历过真正的平等,在平等的情况下,所有的社会成员都应享有同等的社会地位,但有"进步"代表着人们正朝着平等的方向前进。"平等"是一个社会术语,意思是社会主体享有同等的社会地位。

随着社会的进步,人口也在飞速增长,伴随着新的社会群体的出现,这些群体之间产生了归属感。人类最初分为氏族、胞族和部落。群体之外的人都是异类,他们在群体中没有地位,与群体中的其他人也并不平等。群体又会融合成为更大的社会单位。在人类定居的过程中,宗族和氏族之间的差异最终被打破,一个新的人类组织就此诞生,即一个基于地理边界而形成的区域性群体。[1]在这一框架下,各个氏族及其胞族的成员构成了该群体的公民,因此他们基本是平等的。

这就是文明的开端。这些群体起初很小,由一个或几个村庄组成,然后它们变成国家,最后成长为帝国,尽管这个

---

[1] H. G. S, Maine(Ancient Law; J. Murray, London, 1906.)描述了亲属关系和领土关系之间的区别。

过程大多通过武力或征战来实现。这些群体结构内部的各种矛盾都被保留了下来，习惯法将人们紧密连接，他们不得不尊重并接受彼此，但与在部落生活时不同，他们不再像以前那样，形成一个相对封闭和紧密的整体。不同氏族的成员都成为公民，所以再也不能像以前那样自相残杀，但他们之间的友谊和合作也是有限的，虽然没有肉体上的迫害，他还是会虐待、欺骗和剥削他人。人们需要找到方法解决人际战争并进行自保，这可能是促使人们更多地使用脑力而非武力解决问题的诱因之一。我们的同伴既是我们的朋友，又是我们的敌人，这是种奇怪的关系。作为文明社会的特征，这类人际关系甚至也伤害到了家庭成员之间的亲密关系。

人类文化是建立在相互剥削的基础上的，这种文化并不利于改善人与人之间的关系，因此，许多人对人类未来的进步感到绝望。他们问，如果人类今天遭受前所未有的痛苦，如果战争的蹂躏和威胁比以往任何时候都更猛烈、更具有破坏性和毁灭性，那么，科学的发展和技术的进步又将带给我们什么呢？如果我们把我们现在的文明与古希腊时期的文明相比较，人类所取得的进步确实是微不足道的。然而，我们必须承认，即使在今天，我们其实也还与古希腊人属于同一文化时期。为什么古时候没有形成新的社会秩序？为什么这个时期的人类没能取得进步？原因之一就是没有消灭群体内部的敌人。当时的社会是奴隶社会，它不允许也不接受平等的人权。然而人类平等的思想还是得以孕育并以基督教的形式存活下来，中世纪时期①人类遭受了巨大的文化倒退，直到文艺复兴时期，古代世界的文化水平才慢慢恢复。

自那时起，人类取得了飞速的进步。尤其是当科学和技术使人们比以前更紧密地联系在一起，缩小了人与人之间的距离时，世界统一的基本趋势也加速了。整个文明世界发展成为一个整体，最先在知识和艺术领域，然后在经济领域，但是在政治领域还未发展成为一个整体。世界各地强国再次崛起。今天，人们广泛接受一种观点，即世界是一个人类的大家庭。我们是一个整体，不论肤色和种族，不论信仰和文化，甚至不论文明程度。地球上任何一个地方发生的事情都会影响全人类。这种日益增长的统一性逐渐消除了人与人之间的差异。结束封建主义制度的法国革命和俄国革命、《权利法案》以及美国南北战争都是解放所有弱势群体的里程碑。"人权"这一概念让人们认识到，劳动者、儿童、妇女和所有种族都享有决定自己生死的权利。

但是，以前被压制的群体的崛起引发了潜在的反应。平等，是对一个群体的承诺，同时也是对另一个群体的威胁。由于女性获得了越来越多的平等权益，这导致两性之间的斗

---

①人人平等的思想最先在希腊斯多葛派的影响下提出，然后由罗马法进一步发展，最后由早期的基督徒实现。《迦拉太书》第三章第28页谈到了上帝面前人人平等的观念。柏拉图和后来的罗马律师也描述了性别平等的观念。公元4世纪，奥古斯丁预定论的提出，阻碍了斯多葛基督教关于人人平等思想的发展，并建立起中世纪的正统观念。奥古斯丁的预定论认为，世俗的不平等是神圣的事物计划的一部分，也是上帝旨意堕落的后果（Encyclopaedia of the Social Sciences, vol. 5.）。

争加剧。所以，一般来说，解放会激怒那些认为自己的特权受到威胁的人。因此，社会竞争普遍加剧，从而引发了最残忍和最恶劣的战争，威胁到整个文化和人类的生存。但阻碍人类发展的反动力永远不会赢。时光永远不会倒流，除非整个社会完全崩溃。文化是有可能毁灭的。人类经历过这种毁灭，但从未在毁灭后经过一个阶段的发展，重新建立起之前已毁灭的文化。如果人类能在经历了我们时代的所有可怕剧变后幸存下来，那么在劳工、妇女和所有种族获得社会地位和完全的公民身份之前，已毁灭的文化永远不会恢复如初。我们要么灭亡，要么建立起真正的平等，而平等是民主的基础。我们必须建立一种新的秩序，赋予"平等"这个词以意义——平等的意义不能仅仅停留在理论层面，而是要付诸实际。

民主生活

谈到民主生活这一点，我们似乎有必要说清楚到底什么是民主。在美国，我们经常使用"民主"这个词，却没有仔细探讨过它的真正含义，以及它对我们所有人的家庭、工作、政治和社会活动产生的实际影响。"民主"这个词有一个非常明确和简单的定义。"民主"是一个希腊词语，字面意思是人民的规则。在政治民主中，人民就是政府。人民是你、是我、是每一个人。在民主氛围中，每个人和领导者拥有同样平等的地位，每个人都应该拥有和领导者同样的威严、尊严，得到同样的尊重。这就是民主的意义：每个公民都有自己的尊严，都应该得到尊重，不论他是有色人种还是白种人、是工人还是雇主、是富人还是穷人、是犹太人还是非犹太人、是女性还是男性。

偏见是实现社会平等的最大敌人，无论这种偏见是对种族的偏见、对宗教的偏见、对社会的偏见，还是对民族的偏见。偏见在人与人之间、公民与公民之间建起一道壁垒，阻碍人们认可彼此的尊重和尊严。偏见建立在恐惧和不信任之上，阻碍了公民之间建立一种归属感和团结感。如果公民之间没有这种归属感和团结感，就不可能彼此合作、和谐相处。很多地方都有反镇压和反迫害的斗争，以及争取自由的斗争。这些斗争不仅发生在欧洲和亚洲，也发生在美国。人们对大多数斗争都有清晰的认识，并且在这些斗争中已经选择好自己的立场了。所有的斗争都是复杂且艰巨的，同时也会让人感到迷茫和困惑。然而，斗争双方了解这场斗争，公众也屏息等待着斗争结果，因为这个结果对于我们每个人来说都至关重要。我们都知道劳资双方建立的休战关系岌岌可危，双方随时都可能会打破这层休战关系，公然发生冲突。争取公平就业的斗争，目的就是为有色人种争取平等的工作机会。

战争结束后，美国面临着一个严重的问题，我们没有理由对此视而不见。美国政府和美国人民都深切关心：如何建立起能让人民过上和平与繁荣的生活环境。

然而,我们当中只有少数人意识到,我们仍需克服另一种形式的歧视,这种歧视阻碍人类成为一个整体,它深入到每一个家族和家庭中,并且这种歧视在最亲密的关系,如夫妻关系和父母关系中尤为明显。这场斗争尤为隐秘,因为许多参与者完全不知道他们在斗争、他们在竞争。还因为这场斗争涉及这种在百年传统中发展起来的亲密关系和私人关系的变化。这场斗争不仅影响男女关系,还扰乱母女关系,以及恰好站在对立面的女性双方的同性友谊。完全解放女性是发展平等人权的必要条件。把时间的扉页往回翻是一种罪恶的法西斯主义。

越来越多的人接受平等的观念,不管反动力量多么强大,也不管他们已经取得多少胜利,社会都不会重新回到男性主导的状态。另外,这也不代表女性有机会成为主导性别。因为正如男性采取暴政反对平等观念是徒劳无益的一样,女性采取暴政反对平等观念同样也是徒劳无益的。受到惊吓和打击的男性可能会暂时屈从于一些团体的领导,这些团体在压制女性权利的同时,会竭力征服种族和压制信仰,并通过任何形式与平等作斗争。但是,一直欺压别人的人,必然也会走向灭亡。他们必须时刻保持警惕,必须时刻保护自己,不受那些受压迫、想要夺走自己权利的人的侵害。他们为保护自己而可能做的心理防御和实际武装都不够强大,不足以维护他们的霸权。恐惧就是他们得到的报应,因为他们不信任自己的同伴,这让他们失去了基本的安全感。而这种基本的安全感,只有在与他人在一起时的归属感中才能找到,只有在意识到自己被同伴接纳的过程中才能找到。

那些为自己获得优越地位而斗争的人,他们所采用的一切计谋和防御机制,都同人类最深切期望的幸福与和谐背道而驰。人类为了这种幸福与和谐而工作、战斗,活下去甚至是付出生命。这种显而易见的演变趋势让人们产生了一种想法:人类在一个没有武力和压制的世界里共同生活。无论是谁要对抗这种趋势,都会灭亡。世界上将不再有人记得他。[1]随着社会不断发展,越来越多的人的基本欲望得到满足,吝啬和猜疑将会越来越少,慷慨和善意将会越来越多,人们也肯定会越来越支持平等的观念。

女性对人类进步的贡献

我们所有人,能在哪些方面为人类进步做贡献呢?只有通过我们自己,在我们与他人的人际关系中来做贡献,最主要的是在我们自己的家庭关系中来做贡献。相比男性,女性在认识性和婚姻困惑中,自己所面临的紧迫问题背后的真正问题这方面,准备得更充分。男性常常因为自尊心而否认自

---

[1] Alfred Adler, Social Interest: A Challenge to Mankind. G. P. Putnam's Sons, New York, 1940.

己的态度和行为动机，更具体地说，他们害怕包括女性在内的竞争对手渐渐地拥有了与自己平等的权利。但女性，作为过去争取权利的失败者，可能更容易明白这一点。因此，女性很可能在争取平等的斗争中，特别是在为争取和平与和谐而进行的斗争中发挥了最重要的作用。

女性作为社会经济和社会生活的一分子，我们必须认识到她们的责任，否则她们将继续或再次被奴役，这样会阻碍我们实现平等。而对于世界而言，平等又是如此重要。女性参政很可能不会对当下的政治立刻产生直接影响。女性的成长背景、家庭条件和个人发展会决定女性要么变成进步的力量，要么变成反动的力量。但是，如果女性不仅作为选民，还作为立法者积极参与政治生活，将会产生深远的影响。自从女性进入工厂工作后，工厂的氛围在许多方面都发生了变化。如果国会中男性和女性代表人数相等，国会的情况也会有所改变。这种改变将会使女性群体受益匪浅。凡是女性积极参与政治斗争的地方，例如在许多国家的地下运动中，都能鼓舞人心，营造热烈氛围，而且常常让人形成一种常识。这种常识对许多为权力、声望和个人优越地位而拼命斗争的男性来说是一种健康的解毒剂。男性和女性在男女混合的群体中的表现，和他们在只有男性或女性的单一群体中的表现大不相同。就像建立男女同校制度后，学校状况得到改善一样，女性参与政治后，许多立法机构的运作程序很有可能会得到改善。

当女性要求享有平等的政治权利，并且更加关心男性主导的经济、政治、公共和公民事务时，她们就不仅仅是在为女性服务，而是在为整个社会服务。这已经不再是证明女性能不能做男性的工作的问题了。因为历史早已证明了这个问题。现在是一个承担责任的问题，每个公民都应该承担责任。女性能否获得充分的社会地位和政治地位，是变成进步的力量还是变成反动的力量，取决于我们所有人，取决于我们的决心和勇气，取决于女性是否仅仅对当下与女性有关的活动感兴趣，或者她们是否有足够的兴趣来关心我们所有人都面临的社会问题。

一旦女性开始充分参与公共事务，我们可以预见这能产生积极影响，这是因为在过去，女性不被允许参与公共事务。那些遭受歧视、被剥夺和限制人权、自卑和屈从的人普遍对社会关系更敏锐，并对不公正现象更敏感。只要女性顺从地接受了自己的命运，她们就会阻碍男女平等的发展。但是一旦女性解放了自己，她们就会走向更美好、更健康的未来。

走向新文化？

我们有必要了解这种朝着平等关系方向的演变，以设想未来男性和女性的关系。建立在相互理解和互帮互助基础上的新型人类关系需要秉持一种深厚的同志精神。只有秉持这种同志精神，男性与女性才能和平相处，尊重彼此的权利和尊严，而不是彼此畏惧、互不信任。进化论的怀疑者不相信人与人之间存在纯粹的友谊，阻碍了男性与女性彼此合作的进程。对他们来说，爱情和性永远充满敌意和战争。他们不仅不相信男性和女性可以平等相处，而且否认人类有能力克服自己与生俱来的敌意和攻击性。在他们看来，不可能有无嫉妒的爱情，没有占有欲的兴趣让人难以想象，也不存在没有兽性的性兴奋。

人类在心理和感情上能做到真正的善良、真诚的社交吗？当我们面对今天的人类时，我们更可能会接受一个悲观的答案——不能。但我们必须认识到，我们现在可能正处于社会和谐状态最糟糕的时期。我们知道，我们正生活在两种文化阶段之间，正朝着一种新的、前所未有的平衡状态发展，所以今天人与人之间的社会关系可能比以往任何时候都更加紧张。这种平衡状态的特点是人类将有一种新的共同归属感。这种归属感是基于一种崭新的合作理念和平等理念。正是由于社会和经济发展的需求，才催生了这种平衡，因此这种平衡也必然会创造出新的社会条件和经济条件。这些新的社会条件和经济条件产生的影响和意义是前所未有的。

未来的人类

我们不能凭空猜测未来的人类在精神、道德和智力上会如何发展。以我们对生活在当今时代的个人在心理上的了解，我们能对人类的实际能力或"先天的"能力进行具体评估。我们已经可以回答这样一个问题：不管人类的道德良知和智力洞察能力如何，人类是不是在本质上都是自私和无情的？我们知道的事实表明，情感是可以改变的。这些事实证明了人类对未来发展的信念，不是凭空的幻想，也不是不切实际的浪漫主义者炮制出来的空想。

心理学和精神病学对社会学理论和概念的发展做出了重要贡献。通过仔细分析个体，尤其是对孩子的分析，心理学家和精神病学家发现了一个令人痛心的惊人事实：每个人，无一例外，都拥有数百种能力，拥有无数未被发掘的天赋。这些天赋从未被得到发展，甚至常常在被发现之前就被埋没了。所有阻碍个人适应和成功的缺陷以及个人局限都是人为的，是我们所有人在孩童时期遭受深深挫折的结果。我们培养孩子的方法仅在知识和艺术方面胜过原始人。许多原始部落比我们最好的教育家更了解情感教育[1]，更了解如何培养孩子的勇气、自信和忍耐力。

我们教孩子学习文化和文明，即教他们读书写字、教他们数数、教他们掌握多种技能，但我们却没有教孩子如何与人相处。相反，我们不断地挫败孩子的勇气。我们文明的诅咒，把我们的近亲变成了自己的竞争对手。而这些文明的

---

[1] "使成长变得如此容易、如此简单的萨摩亚式背景，是整个社会的普遍现象。"（Margaret Mead, Coming of Age in Samoa. William Marrow and Company, New York, 1928.）

诅咒在我们的托儿所、学校、家庭随处可见。孩子身上的各种潜质都在幼年时期被扼杀；在孩子需要帮助的地方，他们得到的是误解，而且他们往往被忽视，受到挫败，他们最基本和最重要的需求总是被忽视。面对自私自利和占有欲，孩子该如何培养自信和社会兴趣？如果我们在这样不利的条件下，克服重重困难健康成长，仍然能发展到和今天一样的文明程度，那么人类的天性该是多么强大啊！然而，我们还没有学会如何成为一个成熟的人。我们虽然看起来成熟而端庄，但在一层薄薄的伪装下，可以看到几乎每个人的心里都藏着一个娇生惯养、害怕、缺乏安全感的胆怯小孩。谁能否认这一点？

在进行心理治疗和儿童指导的时候，我们在每个孩子身上都看到了一些品质。但是如果他们不接受治疗和指导，这些品质永远都不会得到发展。尤其是当孩子们受到新的刺激和鼓励的影响时，他们会突然在智力、艺术和道德方面开始成长。这类情况相对较少，即使有例外也并不重要，因为到目前为止，美国只有一小部分人接受过精神治疗，但是并不是所有接受过治疗的人都有很好的效果，因为情况和态度并不是总能发生改变的。尽管如此，这种再教育的经历驳斥了人们对我们的批评，批评我们的态度不切实际、我们的推断过于乐观。

人类学似乎能在某些方面证明人类具有隐藏的能力。在过去的两万五千年里，人类在肉体上几乎没有发生什么变化。我们的大脑和史前克罗马农人①的大脑长得几乎一模一样，但在功能上却大不相同。我们需要经历很长一段时间，积累很多经验才能使我们的大脑具有今天这样的功能，但早在几千年前我们就具备这种能力了。历史上有几次，这种从较低发展阶段发展到更高发展阶段的情况是突然发生的。现在，这一点已经得到了证实。生活在原始部落的人，没有受到现代文明的影响，仍然是野蛮、粗暴和未开化的，广泛的艺术和科学领域将我们和他们区分开来。但是如果这些原始部落中的某个人接受了我们的文明教育，他就能掌握技能，并在自己的部落里发展出超乎想象的智力能力。在他所处的自然环境中，没有人能预料到人类竟然会具有这样的品质和潜力，他也绝不可能在部落里发展出这些品质，开发出这样的潜力。在生理上，比如说基因类型，他和自己在世的亲戚，比如远在非洲的亲戚，并没有什么不同。今天，在这些土著人的后代中，我们发现只有几代人的后代具有人类所能达到的最高智力。他们有的是科学家，有的是艺术家，有的是某些领域的专家。即使他们中智力较低的人也在读书写字、学习艺术，但这些东西是他们在丛林中最聪明的亲戚永远也无法学会的。想要达到更高的文化水平，我们不需要改变大脑，也不需要改变先天素质。这个道理适用于这些原始部落群体，也适用于其他群体。

---

①克罗马农人：智慧较高的早期人类，属于晚智人，出现在距今3万年的欧洲大陆。在中国，属于这一阶段的有北京周口店的山顶洞人。

我们的孩子在很小的时候，不费吹灰之力就掌握了成年人需要多年学习才能掌握的技能，这表明了他们有很大的学习潜力。孩子很少利用他们的智力、道德和情感潜力，这不是他们的错，而是那些指导他们命运的人的错。沃特森曾试图让大家充分认识这一事实，但徒劳无功，他失败了。[1]因为他只从结构上看待这个问题，认为孩子的行为仿佛仅仅是因为他们受到孤立而产生的刺激行为和恼怒反应。孩子要进步，需要的不仅是我们为他们提供机械性的刺激。个体身上的每一种品质、每一种局限都反映了其在其社会群体中的作用。我们所缺乏的不仅仅是一种能更好地养育孩子的方法，还缺乏一种与众不同的社会精神，来发展孩子所具备的所有潜在品质。这种能影响孩子向善向恶的精神就是我们的社会精神。因此，孩子之所以会成为什么样的人，与其说是受他们与生俱来的能力的影响，不如说是受他们的竞争意识、内心恐惧和敌意的影响。

如果人类社会有朝一日能允许社会感情与合作精神的存在，那么也只有到那时，我们的孩子以及整个时代才有公平的机会，在道德和情感上充分发展他们的能力。到那时，很可能会出现一种新型人类，他们不同于我们现在这一代人，就像我们不同于野蛮部落里的人一样。我们可以假定，未来

---

[1] John B. Watson, Behaviorism. W. W. Norton & Company, New York, 1925.

的人类将具有更大的社会兴趣、更强的责任感，而且更少地关心自己的快乐和个人声望。未来的人类的智力水平很容易达到甚至超过少数天才的智力水平。作为个体，他们能克服所有人都面临的社会障碍和文化障碍。他们的智力发展可能与情感成熟相一致，攻击性情绪将不会被误解为一种自然的"驱动力"，而是人类"失调"的一种工具。正如在生活中我们的情绪不断发生变化，逐渐变得成熟一样，当人类整体变得成熟时，情绪也可能发生变化。

那么，未来的爱的情感可能会变得与我们今天所经历的爱的情感有所不同。当男女关系中没有了占有、侵犯和竞争的因素的时候，也就没有了嫉妒。甚至性感觉也可能发生根本性的改变，因为我们知道，即使是同一个人在受到性刺激时，也会产生各种各样的身体反应和情感反应。今天，熟悉感和琐碎的日常生活常常会扼杀性欲，所以性欲可能会失去这种抑制作用。

我们不可能对性放荡进行任何预测，因为我们无法清楚地想象两个人之间关系的变化，比起自己的快乐和胜利，他们更加关注更重要的价值和利益。

一夫一妻制的挑战

一旦实现男女平等，男女之间就可以而且很可能会发展出一种新的关系。只有到那时，才能证明一夫一妻制的价值。只有到那时,人类才会发现一夫一妻制到底是会增进还是限制个人的幸福和自我表达。

以我们对男性心理和情感需求的了解表明,男性渴望一夫一妻制。两个人亲密无间的结合可能是两个人之间最亲密的融合,因为这种融合允许彼此间建立最深刻和最充分的归属感。未来的婚姻很可能是一种完全不同的制度,是两个自由而平等的个体之间的协议。婚姻不再受到"罪"的侮辱或惩罚的威胁。夫妻双方都有权力决定是否与对方在一起,这是因为他们可以选择与对方在一起,而不是因为他们必须被迫与对方在一起。婚姻将意味着夫妻两人共同生活,并且在夫妻生活中,夫妻双方都有权利做自己最喜欢做的事,但也会避免做对方不喜欢的事。

积极的态度

如此一来,世界上的重大问题就与性和婚姻中的日常问题产生联系了。在我们最亲密的关系——婚姻关系中,我们面临着这个时代的一些基本问题。解决眼下的每一个问题,我们都需要保持一致的态度,即保持勇气,富有责任感,我们才能解决这些社会问题。我们一直恐惧,怀着悲观情绪,会带来更多的危险、压迫和武力,引发对抗和战争。我们把责任推给个人和环境,只会让问题更加混乱,更加让人困惑。但是,如果我们没有清楚了解所涉及的问题,就不能化勇气为有效行动，也无法承担决策的责任。[1]政治和经济进步的同时，还必须有教育的参与，以消除人们对同胞的陈旧观念和态度。教育必须惠及丈夫、妻子和孩子，帮助他们重新适应新的社会生活中的基本问题。每个人都必须认识到自我能力和责任。

但我们也必须认识到，我们正处在一种新文化的发展开端。新的道德观念要符合科学观念的根本变化。技术进步、掌握核能、提升工业能力，赋予了我们掌握自然前所未有的力量，这与我们新的社会结构相符。我们所经历的苦难，远远没有大到会让我们在前进中绝望，只是旧势力的地位受到了深深的威胁。教育将使人们意识到新的科学研究在所有领域，包括物理科学和社会科学中的影响。当我们的认知与更多的基本事实相符时，所有的学科都更加紧密地结合在一起。新的宇宙图景出现了，影响着技术、社会、宗教和道德观念。

平和看待两性问题

随着影响人际关系的其他要素变得越来越重要，性可能会发挥不一样的功能。人们对彼此的责任感将会加深，并进

---

[1]尽管下一代创造的新常态从未被系统和建设性地指导过。约翰·杜威认为这样的"社会工程"是可能的，也可能是极端的。（Human Nature and Conduct. Henry Holt & Company, New York, 1922.）

一步发展，使得肉体结合成为精神统一的象征。当我们成为情绪的主人而不是奴隶时，性行为将成为表达的媒介，而不是进行鞭笞、驱赶和折磨。

我们这些活着的、痛苦的、迷茫的人，是未来人类的前辈，是一代又一代更高度发达、更强大、充满更深厚文化的人类的前辈。我们通过奋斗打开了一扇门，我们历经苦难后创造了一个新的世界。我们对待性和其他社会问题的态度就是我们对改变世界做出的贡献。要认识到这一点，我们应该感受到，我们个人对未来的发展负有充分的责任，未来的发展是与过去的发展息息相关的。如果我们能接受这个观点的话，我们对于自己的生活的看法可能会有所不同。未来可能会改变现状。

在喧嚣的世界里,
坚持以匠人心态认认真真打磨每一本书,
坚持为读者提供
有用、有趣、有品位、有价值的阅读。
愿我们在阅读中相知相遇,在阅读中成长蜕变!

好读,只为优质阅读。

婚姻:挑战

策划出品:好读文化	监　　制:姚常伟
责任编辑:侯娟雅	策划编辑:姜晴川
制作编辑:多珮瑶	营销编辑:陈可心
装帧设计:末末美书	内文制作:鸣阅空间

图书在版编目（CIP）数据

婚姻：挑战 /（美）鲁道夫·德雷克斯著；陈璇译. -- 北京：国际文化出版公司，2024.1
ISBN 978-7-5125-1580-2

Ⅰ. ①婚… Ⅱ. ①鲁… ②陈… Ⅲ. ①婚姻-通俗读物 Ⅳ. ①C913.13-49

中国版本图书馆CIP数据核字（2022）第154147号

婚姻：挑战

作　　者	〔美〕鲁道夫·德雷克斯
译　　者	陈　璇
责任编辑	侯娟雅
出版发行	国际文化出版公司
经　　销	国文润华文化传媒（北京）有限责任公司
印　　刷	三河市中晟雅豪印务有限公司
开　　本	130毫米×185毫米　　32开
	9.75印张　　　　　　187千字
版　　次	2024年1月第1版
	2024年1月第1次印刷
书　　号	ISBN 978-7-5125-1580-2
定　　价	58.00元

国际文化出版公司
北京朝阳区东土城路乙9号　　　　邮编：100013
总编室：（010）64270995　　　　传真：（010）64270995
销售热线：（010）64271187
传真：（010）64271187-800
E-mail：icpc@95777.sina.net